CASE-STUDY SERIES

Convergence media
sports commentary
Case tutorial

# 融媒体体育解说
## 案例教程

李晶 著

中国广播影视出版社

### 图书在版编目（CIP）数据

融媒体体育解说案例教程 / 李晶著. -- 北京：中国广播影视出版社，2022.7（2024.5重印）
融媒体主持传播案例教程大系 / 高贵武主编
ISBN 978-7-5043-8816-2

Ⅰ.①融… Ⅱ.①李… Ⅲ.①体育—电视节目—播音—案例—教材 Ⅳ.① G222.2

中国版本图书馆 CIP 数据核字 (2022) 第 053384 号

**融媒体体育解说案例教程**

李　晶　著

| | |
|---|---|
| 责任编辑 | 任逸超 |
| 封面设计 | 焦莽莽 |
| 责任校对 | 张　哲 |

| | |
|---|---|
| 出版发行 | 中国广播影视出版社 |
| 电　　话 | 010-86093580　010-86093583 |
| 社　　址 | 北京市西城区真武庙二条9号 |
| 邮　　编 | 100045 |
| 网　　址 | www.crtp.com.cn |
| 电子信箱 | crtp8@sina.com |

| | |
|---|---|
| 经　　销 | 全国各地新华书店 |
| 印　　刷 | 河北鑫兆源印刷有限公司 |

| | |
|---|---|
| 开　　本 | 787 毫米 × 1092 毫米　1/16 |
| 字　　数 | 200（千）字 |
| 印　　张 | 15 印张 |
| 版　　次 | 2022 年 7 月第 1 版　2024 年 5 月第 2 次印刷 |
| 书　　号 | ISBN 978-7-5043-8816-2 |
| 定　　价 | 68.00 元 |

（版权所有　翻印必究·印装有误　负责调换）

## 《融媒体主持传播案例教程大系》编委会

**主　编**

高贵武　中国人民大学视听传播系主任、教授、博士生导师

**副主编**

卜晨光　北京语言大学新闻传播学院副教授、硕士生导师、博士
巩晓亮　华东师范大学传播学院副教授、硕士生导师、博士

**编　委**（以姓氏笔画顺序为序）

王一婷　浙江传媒学院播音主持艺术学院副教授、硕士生导师
仲梓源　中国传媒大学播音主持艺术学院副教授、硕士生导师、博士
米斯茹　四川师范大学影视与传媒学院副教授、硕士生导师
孙　璐　浙江传媒学院播音主持艺术学院副教授
李亚铭　陕西科技大学设计与艺术学院副教授、硕士生导师
李伯冉　辽宁师范大学影视艺术学院副院长、副教授、硕士生导师
李　晶　北京体育大学新闻传播学院讲师、硕士生导师、博士
吴　岩　吉林艺术学院播音系主任、副教授、硕士生导师
宋晓阳　中国传媒大学播音主持艺术学院副教授、硕士生导师
林小榆　暨南大学口语传播系主任、副教授、硕士生导师
周子云　中华女子学院文化传播学院副教授、博士
金　叶　浙江传媒学院播音主持艺术学院副教授、硕士生导师、博士
张　艳　北京广播电视台新闻广播主任播音员
赵若竹　中国传媒大学播音主持艺术学院副教授、硕士生导师、博士
荀　瑶　黑龙江大学新闻传播学院副教授、硕士生导师
战　迪　深圳大学传播学院副教授、博士生导师、博士
施　斌　吉林大学广播电视艺术系主任、副教授、硕士生导师、博士
彭　松　华中科技大学新闻与信息传播学院副教授、硕士生导师、博士

# 把人的世界和人的关系还给人自己

（代序）

中国人民大学新闻学院　高贵武

随着新媒体时代的到来，特别是新的媒体技术发展的日新月异，中国的主持传播业也迎来了前所未有的发展机遇。传媒技术门槛的降低，不仅使每一位普通民众（俗语所称的草根）有了走向舞台中央、成为主持传播主体的机会，也空前刺激了民众个体自我呈现和公共表达的欲望，使主持传播无论在传播主体、传播平台、传播手段方面，还是传播内容和传播形式方面都出现了令人眼花缭乱的繁荣和喧嚣，更大大丰富了主持传播的内涵和外延。除了原有的传统广播电视播音员、主持人和出镜记者，网络主播（包括各类短视频平台和直播平台上的秀场主播、带货主播、游戏主播、电竞主播和各类垂直内容的主播）、B站UP主、Vlogger（短视频博主）等新的主持传播主体更是层出不穷。只要拥有一部能够联网的智能手机，不分年龄、不拘职业、不限地域、无关学历、不分专业，每个人都可以自己的个人身份面向公众进行信息传播和生活分享，主持传播进入"人人皆可成为主播"的繁荣阶段俨然已成事实。由于无时不在、无处不在的新媒体特性加持，主持传播的影响力更是让传统媒体时代的播音员、主持人们瞠目结舌、望尘莫及。仅仅依靠个人影响力，粉丝量早已超过很多地方电视台受众人数的带货主播李佳琦短短几个小时的直播就可以售出数亿元价值的货品，而单枪匹马、来自中国西部农村的李子柒在美国主流视频网站上轻松便可拥有几百万的粉丝，其受众规模和影响范围、在受众当中的文化引领价值和品牌经济效应更是让许多专业的媒体机构和媒体人都相形见绌……

一方面是新媒体主播的数量规模和影响力越来越大，另一方面却是传统主流媒体的主持传播似乎正遭遇着前所未有的尴尬。自从2015年浙江卫视选秀节目《中国好声音》的主持人华少在网络上发文《主持人还有将来吗》对主持人的未来表示担忧之后,"去主持人化""主持人边缘化"便一直是社会上不绝于耳的热议话题。特别是随着一些传统媒体主持人的纷纷离职转行,一些真人秀类综艺节目非固定主持人的设立以及主持人角色相当程度上由参与节目的艺人担当之后,主持人角色的弱化以及主持人未来该何去何从更是引起了不少人的焦虑。除了这种被称为节目主持人角色功能的弱化与转移现象和越来越多非科班出身(指所学专业非播音主持)的主持人出现在主持人岗位外,令社会大众对主持人未来更加担心的还有虚拟主持人和人工智能主持人的出现。从2001年世界上第一个虚拟主持人安娜诺娃在英国出现,到2018年年底中国首个人工智能主播在新华通讯社上岗,虚拟主播与人工智能主播的发展速度和规模以及人工智能主播与真人主播间技能和观感相似程度更是早已超出人们的一般想象。于是,"主持人要下岗了""主持人要被人工智能取代了"这样的声音再次甚嚣尘上,层出不穷。

  非科班出身主持人的增多和人工智能主持人播报功能的不断完善也让专门从事播音主持专业教学和人才培养的大专和本科院校再次受到了质疑和挑战,"主持人是培养不出来的""播音无学"似乎又一次成了不证自明的事实。社会质疑和主持传播生态的发展同样给曾经以培养专业广播电视播音员、主持人为主的播音主持专业带来了巨大压力,迫使该类专业纷纷通过调整方向和优化课程体系来适应新的社会变化和社会需求。于是,有的学校开始将原来的播音主持专业调整为口语传播,将学生的就业出口不再局限在传统的广播、电视媒体,而是拓展到了更为广阔的航空航运播音、文化场馆解说、新闻发言人、公共演讲、商业谈判、脱口秀表演、有声朗读等行业;有的则在既有的专业基础上增加了综艺主持、网络主播等方向;有的甚至开始面对眼下如火如荼发展中的电商直播,在酝酿和筹备建立新的直播带货专业。

  主持传播,其较早的样态是传统广播、电视媒体中以播音员、主持人为传播主体,带有鲜明个人化特征和交际性特色的一种人格化传播方式。

随着媒体自身和媒体环境的变化，媒体的形态和边界也在不断发生变化。除原有的机构媒体或专业媒体，越来越多的平台媒体和自媒体的出现也在不断丰富和拓展媒体的概念和渠道。媒体从业者，包括主持传播的主体也不可避免地发生变化并衍生出了许多新的样态，如前面提及的新闻发言人、网络主播等便是这种发展的结果。因此，从这个意义上来说，与其说新媒体的发展为主持传播带来的是严峻的挑战和生存危机，是造成主持人边缘化或主持人要被取代的主要原因，倒不如说恰恰是新媒体的发展为主持传播创造了更大的发展空间，不仅为其内涵与外延的拓展，更为主持传播的空前繁荣创造了更为有利的时机和条件。至于播音员或主持人到底能不能被取代，其实并不取决于主持传播的某种形态或形式，而在于这种形态或形式是否真正体现了主持传播的人格化实质和人际性特质，发挥出了人在传播中的意义和价值。正如中国著名主持人白岩松2019年在第三届中国主持传播论坛的演讲中所指出的那样：主持是技术，人才是真正的内容。作为主持传播主体的人的价值才是主持传播的核心所在，也是无法被取代的。

  作为人类社会的纽带和人类所有活动中最具人性的行为之一，传播始终是人与人之间的信息交流和情感沟通。苏格拉底早就断言，真正的"交流必须发生在灵魂与灵魂之间，交流双方必须同时亲身在场"。卡西尔在其名著《人论》中也明确提出："要理解人，就必须实际上面对着人，必须面对面地与人来往。"就连专注精神交往理论的马克思也毫不讳言："面对面交流是实现全面的人性所必需的。"从人类传播的历史发展来看，尽管传播技术的发展在不断拓展着人与人交流的物理时空，却也在通过先进的技术保障在努力缩短和消弭着传受双方的心理和情感距离，在试图通过营造自然社会中人与人之间面对面的交流状态，将人类传播重新恢复到原初时代的全通道的人际交流状态，从而真正实现人类传播向"亲自在场"和"面对面"的回归。而事实上，无论是即时互动，还是虚拟现实和增强现实等新技术的运用，从一定角度来讲，无不都是在试图通过新的技术手段来营造和复现那种因大规模机械复制式传播而失掉的人类传播本该有的人际性。在对从莎草纸到互联网之间2000年的社交媒体历史进行审视之后,英国学者汤姆·斯丹迪奇同样得出了这样的结论:"21世纪的互联网在很多方面与17世纪的小册子或18世纪的咖啡馆相通,和19世纪的报纸或20世纪的电台和电视台却大相径庭。简言之,新媒体和老媒体很不一样,但和'真正老的'媒体相差无几。中间插进来的老媒体时代只是暂时现象,并非正常情形,媒体经过了这段短暂的间隔——可称为大众媒体插曲——后,正在回归类似于工业革命之前的形式。"

主持传播的出现在人类传播朝着人性化方向发展的道路上无疑有着举足轻重的意义。因为其传播主体是以人格化方式出现的独立主体,因为其传播样态和传播符号方面所呈现出的类"人际交流"和"面对面"的传播特点,主持传播对机构化的大众传播而言最具革命性的贡献就在于:它是以一种"面对面"的方式改变了传播中传者与受者之间的交互界面,并以人格化的桥梁建构起了媒体与受者之间的情感关系。毫无疑问,关系乃是一切传播得以成立的基础。对视觉文化理论作出突出贡献的英国学者约翰·伯格早在《观看之道》一书中提出:"我们从不单单注视一件东西,我们总是在审度物我之间的关系。"任何关系都不是天生的,而是需要被构建的。专事人际传播及社会交换理论的美国学者迈克尔·罗洛夫则进一步指出:"人际关系是被形成的,而不是天生的。"自从有了主持传播这种人格化的传播方式,受众之于内容的接触与接收便不再是单纯的"人—机"交互,而是具有了"人—人"交互的特色,这也意味着受众所接触的信息会因为主持传播主体与受众间建构起来的关系而多了被注视的可能。有了"人—人"交互的界面,受众从媒介接触的也不再是冰冷的机器和抽象的符号,而是充满了情感和温度的具体的人,受众与传媒之间的关系也不再是取与予之间的简单信息交换,而是有了情感的托付,有了真正的精神层面的交往。

正是在这个意义上,人工智能主持人尽管可以在信息传播上有着更高的效率,但因为其"人—机"交互界面的原因,实际上对真正的主持传播并不会构成真正的威胁,更谈不上替代。美国著名未来学家约翰·奈斯比特在其著作《大趋势》中早有预言："我们周围的技术越多，就越需要人的情感。"专门研究媒介进化理论的美国媒介环境学派第三代代表人物莱文森更是把媒介未来的发展趋势称为媒介演进的人性化趋势，同样强调将信息传播逐步转化为有温度的信息体验的过程。事实上，正如瓦尔特·本雅明认为正是大规模的机械复制反倒突出了艺术品原作的独特性和唯一性一样，恰恰是人工智能主播的涌现从一个侧面更加突出了真人主持人的权威性和重要性，就像凯文·凯利在其著作《科技想要什么》中所说的那样："没人能模仿你，那就是你最受人重视的地方。"

2018年8月，诺贝尔经济学奖获得者托马斯·萨金特在世界科技创新论坛上表示：人工智能其实就是统计学，只不过用了一个很华丽的辞藻。媒介环境学派第二代的重要代表人物尼尔·波斯曼在其著作《技术垄断：文化向技术投降》中更是明确表示："人工智能没有也不会产生能够创造意义、具有理解力和情感的动物，人就是这样的动物。"事实上，正如美国《连线》杂志创始主编凯文·凯利在其"科技三部曲"之一的《必然》中所言："人工智能时代的到来最大的益处在于，各种人工智能将帮助我们定义人性。"人工智能主播的出现除了可以提高主持传播的效率，将主持传播主体从大量的工具性工作中解放出来，其真正的价值和意义则是为主持传播提供了重要的参照系，倒逼主持传播可以向着更能体现其人的价值和人际性的人格化方向进化，真正体现人的价值和意义。对于主持传播而言，技术发展是催化剂，既是试金石，又是照妖镜。在主持传播从"真人秀"到"机器人秀"的发展历程当中，技术始终扮演着重要的角色，它不仅作为主持传播人格化的基础和保障而存在，而且通过不断检验和淘汰的方式促使主持传播的人格向着更人性、更完善的方向进化。至于说节目中原有的主持人角色是否是由科班出身的专业人士或名曰"主持人"的传播主体来担任，也并未从根本上形成对主持传播的威胁和弱化。相反，不管传者的角色由谁担任或以什么方式、在多大程度上来担任，传播中人与人交流的实质性局面并没有被改变和弱化。如果非要说是有某些弱化的迹象存在，那么这种弱化真正弱化的也只是传播者因职业角色而造成的某些职业机械感，其目的恰恰是要通过弱化传播主体因为某些职业性而造成的疏离感来在传受之间营造更为自然、亲密的人际性和交流感，是为了像马克思在《论犹太人问题》一文中所说的那样："把人的世界和人的关系还给人自己。"

　　媒介环境和媒介形态的变化，包括新媒体技术的发展一方面似乎已彻底改变了主持传播的一切；而另一方面主持传播的核心和实质实际上似乎又从未改变。新媒介技术的发展无疑为主持传播的发展提供了更大的便利，促进了主持传播在平台、渠道、方式、格局、符号等方面的改变，也通过更加实时的互动和更加多元化的交流方式为传受者之间的人际性沟通创造了更大的可能性，使传统媒体主持传播者期盼已久的"面对面"及时互动局面更容易实现，使传统媒体主持传播中被分解的功能与任务越来越集中到主持传播的个体身上，为主持传播者在角色功能和话语方式等方面提出了新的要求。但无论主持传播的形态和方式，甚至主持传播的角色与任务发生多少变化，主持传播作为信息传播的定位和职能不会变，主持传播者作为传播中与受众建构关系界面的性质不会变，主持传播中所体现出的人与人之间信息和情感的交流实质不会变，主持传播者在传播中所要坚持的原则和承担的责任不会变，主持传播在践行这些原则和履行这些责任时所要求的专业核心素质和与人打交道的沟通能力同样不会变。这种不变用豪厄尔斯在其著作《视觉文化》中的话来说就是"各种媒体的实体性内容并没有因为数字技术的使用而改变"。

　　事实已在反复证明，即使是在新媒体当中，那些具备了过硬传播素质和能力的传播者同样能够游刃有余。而即使是有着千万级流量的网络红人，如果不具备良好的传播责任和传播素质同样容易翻车，而那些仅仅靠着挑战传播伦理和社会道德底线来博眼球一夜暴红的网络主播们也终将被网民所唾弃。因此，越是在媒体实践飞速发展的时候，越要努力提高传播者的综合素质，提升主持传播者的专业能力，积极发挥主持传播者的意见领袖作用、营造风清气正的媒体环境就越成了亟待解决的当务之急。

# 序　言

新媒体的发展速度是史无前例的，依托或衍生于新媒体平台与技术的主持传播的发展速度同样快得超乎人的想象。据CNNIC于2020年上半年所公布的第45次统计报告，中国的网民数量已经超过9亿，雄居世界第一。随着网络直播近年来在中国的突飞猛进，专门从事人格化传播的网络主播使我国主持传播的数量在世界上稳居第一也是无可争议的。由于新媒体发展的速度过快，加上新媒体中新生事物的层出不穷，更由于在媒体的快速发展中并无现成的经验和知识可以借鉴，新的主持传播者们也急需专业的知识和训练来提升他们的能力和素质。从事主持传播教学和科研以及人才培养的研究者和教育者们，则急需对这些新的现象进行深入的研究和剖析，并从现象中归纳提炼出规律性的东西，将其上升到知识层面，再反哺到新的教学体系当中，这同样对大专院校等高等教育机构提出了新的挑战。

可喜的是，在主持传播不断迎来新的发展和变化之际，一批年轻有为的青年学者也早已勇立潮头，以他们敏锐的跨学科视角和厚重的理论学养对这些新的问题和现象进行了及时的关注和深入思考，并愿意把他们智慧的结晶以教材的方式呈现出来，于是就有了这套要跟大家见面的《融媒体主持传播案例教程大系》教材。这套教材立足融媒体主持传播发展的社会现实，重点关注融媒体环境下主持传播的崭新发展动态和前沿关键问题，从融媒体现场报道、融媒体体育赛事解说、新闻发言人、网络直播、电子商务主持、文化场馆解说、有声读物创作等多个角度对主持传播发展方方面面的问题做了深入探讨和大胆探索。因为是就一些新现象和新问题所做的探索性的研究尝试，能够借鉴和参考的国内外相关研究成果相对有限，这套教材中肯定还存在不少稚嫩和不完善的地方，需要更多专家的指正和接受实践的检验。也因为是对新问题和新现象的及时探索，因应了社会的迫切需要，这套教材不仅显示出了青年学者们敏感的学术思维和可贵的学人担当，更为提升全社会特别是草根主持传播者的传播水平，满足全社会对主持传播知识和技能的渴求，贡献出了学者应有的力量。

近20年前，我在做博士论文时，无意中开始以跨学科的视野从传播学角度关注了传统广播、电视媒体中的播音、主持等人格化传播样态,并斗胆以主持传播的概念对这种介乎大众传播与人际传播间的人格化传播样态进行了概括和探究。20年来,随着其内涵和外延的不断丰富,主持传播实践中涌现出的新样态和应用的范围越来越广,其影响力也越来越大,有不少年轻学者也纷纷以更加开阔的理论视野加入了对这一独特传播现象和传播形态的研究当中,并已经取得了相当丰富的研究成果。从2017年开始,我也有幸与全国同行一起开创了中国主持传播论坛,创办了《中国主持传播研究》集刊,使更多关注主持传播的学界、业界的才俊们有了更多学术交流的机会。值此以主持传播命名的系列教材出版之际,本套教材的责任编辑任逸超老师盛情邀我担任此套教材的主编并嘱我为其作序。我虽深知自己在这块领地上的耕耘仍尚粗浅,为此套教材作序颇有些自不量力,但想到能为青年学人的勇敢进取鼓与呼,能为他们的成果产生积极的社会意义助一臂之力,也是我的夙愿和义不容辞的责任,便只有恭敬不如从命了。

是为序。

2020年8月于北京时雨园

# 目　录

导　论 ........................................................................................ 001

一、我国体育解说的主要成果 .................................................. 002
　（一）清晰的代际划分 ........................................................ 002
　（二）较高的国内外影响力 ................................................ 003
　（三）丰富的学界研究探讨 ................................................ 005
　（四）明确的院校培养目标 ................................................ 010

二、我国体育解说的问题呈现 .................................................. 012
　（一）解说内容较为表面化 ................................................ 012
　（二）专业知识较为欠缺 .................................................... 013
　（三）语言风格较为单一 .................................................... 013
　（四）新媒体解说被忽视 .................................................... 014

三、本书的创新点及意义 .......................................................... 015
　（一）本书的创新点 ............................................................ 016
　（二）本书写作的意义 ........................................................ 017

四、本书的基本框架 .................................................................. 018

## 第一章　融媒体体育解说的基本概况 ............................... 021

第一节　融媒体体育解说的概念界定 ...................................... 022
　一、体育解说概念的传统认知 ............................................ 022
　二、融媒体体育解说的界定 ................................................ 023

第二节　融媒体体育解说的特征 .............................................. 025
　一、现场感与交互性并行 .................................................... 025

二、选题与表达合理性并轨 ............................................................. 027
　　三、语言多样性与艺术性并举 ......................................................... 028
第三节　融媒体体育解说的优势 ............................................................. 029
　　一、凸显交互性 ............................................................................. 029
　　二、提升语言灵活度 ....................................................................... 031
　　三、释放用户选择性 ....................................................................... 032
　　四、助力"草根解说" ..................................................................... 034
第四节　融媒体时代体育解说员的角色定位 ............................................. 035
　　一、体育媒介仪式的引领者 ............................................................ 036
　　二、体育文本重构的协调者 ............................................................ 038
　　三、体育文化共享的推动者 ............................................................ 039
第五节　融媒体时代对体育解说员的素质要求 ......................................... 041
　　一、政治素质 ................................................................................. 042
　　二、应变能力 ................................................................................. 043
　　三、知识结构 ................................................................................. 044
　　四、敬业精神 ................................................................................. 047
　　五、心理素质 ................................................................................. 048
　　六、团队协作 ................................................................................. 048

# 第二章　融媒体体育解说的基本方法 ..................................................... 051

第一节　体育解说前的准备工作 ............................................................. 052
　　一、声音训练 ................................................................................. 052
　　二、媒体相关报道 .......................................................................... 054
　　三、数据搜集 ................................................................................. 057
　　四、看点预测 ................................................................................. 060
　　五、准备工作越细越好 ................................................................... 061
第二节　体育解说的具体方法 ................................................................. 063

一、议程设置 ..................................................063
二、情感控制 ..................................................066
三、归纳评论 ..................................................068
四、数据选择 ..................................................071
五、平等对话 ..................................................073
六、插科打诨 ..................................................074

第三节 体育解说的赛后总结 ..................................076
一、回看比赛，找出不足 ..................................076
二、对待评价，冷静处理 ..................................077
三、赛后积累，不断充电 ..................................078

# 第三章 大型赛事开/闭幕式的解说 ..................081

第一节 作为"体育媒介仪式"的大型赛事 ..................082
一、作为"媒介事件"的大型赛事 ..................083
二、作为"传播仪式观"的大型赛事 ..................084
三、作为"媒介仪式"批判的大型赛事 ..................086

第二节 媒介技术对大型赛事开/闭幕式解说的影响 ..................087
一、大众传播视域下的"文言体"解说 ..................088
二、媒介融合视域下的"白话体"解说 ..................090

第三节 大型赛事开幕式的解说方法 ..................093
一、解说方式要平易近人 ..................093
二、"穿针引线"要灵活多样 ..................094
三、故事讲述要生动形象 ..................095
四、情绪渲染要拿捏到位 ..................096

第四节 大型赛事闭幕式的解说方法 ..................097
一、语言表达要轻松活泼 ..................097
二、狂欢与惜别要渲染到位 ..................098

三、为再次欢聚埋好伏笔 .................................................................. 100

## 第四章 "三大球"项目的体育解说 ......................................................... 103

### 第一节 足球项目的解说 .................................................................... 104
　　一、足球项目简介 .......................................................................... 104
　　二、足球项目的特点 ....................................................................... 105
　　三、足球项目的解说方法 ................................................................. 106
　　四、融媒体语境对足球解说的影响 ..................................................... 110

### 第二节 篮球项目的解说 .................................................................... 113
　　一、篮球项目简介 .......................................................................... 113
　　二、篮球项目的特点 ....................................................................... 114
　　三、篮球项目的解说方法 ................................................................. 115
　　四、融媒体语境对篮球解说的影响 ..................................................... 121

### 第三节 排球项目的解说 .................................................................... 125
　　一、排球项目简介 .......................................................................... 125
　　二、排球项目的特点 ....................................................................... 126
　　三、排球项目的解说方法 ................................................................. 127
　　四、融媒体语境对排球解说的影响 ..................................................... 131

## 第五章 体能主导类项目的体育解说 ........................................................ 135

### 第一节 快速力量型项目的体育解说 ..................................................... 137
　　一、举重项目的体育解说 ................................................................. 137
　　二、跳高项目的体育解说 ................................................................. 140
　　三、小结：快速力量型项目的解说方法 ............................................... 142

### 第二节 速度型项目的体育解说 ........................................................... 143
　　一、短跨类项目的体育解说 .............................................................. 143

二、短距离游泳项目的体育解说 ..................................................147

　　三、小结：速度型项目的体育解说方法 ..........................................149

第三节　耐力型项目的体育解说 ..........................................................150

　　一、越野滑雪项目的简介 ..........................................................151

　　二、越野滑雪项目的特点 ..........................................................152

　　三、越野滑雪项目解说的案例分析 ..............................................152

　　四、小结：耐力型项目体育解说的方法 ..........................................154

## 第六章　技能主导类项目的体育解说 ......................................155

第一节　表现难美型项目的体育解说 ..................................................156

　　一、跳水项目的简介 ..............................................................156

　　二、跳水项目的特点 ..............................................................157

　　三、跳水项目解说的案例分析 ..................................................158

　　四、小结：表现难美型项目体育解说的方法 ..................................159

第二节　表现准确型项目的体育解说 ..................................................160

　　一、射击类项目的简介 ..........................................................160

　　二、射击类项目的特点 ..........................................................161

　　三、射击类项目体育解说的案例分析 ..........................................162

　　四、小结：表现准确型项目体育解说的方法 ..................................163

第三节　隔网对抗型项目的体育解说 ..................................................164

　　一、乒乓球项目的体育解说 ....................................................164

　　二、网球项目的体育解说 ........................................................168

　　三、小结：隔网对抗型项目体育解说的方法 ..................................170

第四节　格斗对抗型项目的体育解说 ..................................................171

　　一、拳击项目的简介 ..............................................................171

　　二、拳击项目的特点 ..............................................................172

　　三、拳击项目体育解说的案例分析 ..............................................173

四、小结：格斗对抗型项目体育解说的方法 ........................................ 174

# 第七章 冰雪项目的体育解说 ........................................ 175

## 第一节 短道速滑项目的体育解说 ........................................ 176
一、短道速滑项目简介 ........................................ 176
二、短道速滑项目的特征 ........................................ 177
三、短道速滑体育解说的技巧 ........................................ 178

## 第二节 冰球项目的体育解说 ........................................ 182
一、冰球项目简介 ........................................ 182
二、冰球项目的特点 ........................................ 183
三、冰球体育解说的技巧 ........................................ 185

## 第三节 冰壶项目的体育解说 ........................................ 187
一、冰壶项目简介 ........................................ 187
二、冰壶项目的特点 ........................................ 187
三、冰壶解说的技巧 ........................................ 188

## 第四节 花样滑冰项目的体育解说 ........................................ 190
一、花样滑冰项目简介 ........................................ 190
二、花样滑冰项目的特点 ........................................ 191
三、花样滑冰项目的体育解说 ........................................ 192

## 第五节 自由式滑雪项目的体育解说 ........................................ 194
一、自由式滑雪项目简介 ........................................ 194
二、自由式滑雪项目的特点 ........................................ 195
三、自由式滑雪项目的解说技巧 ........................................ 196

## 第六节 单板滑雪项目的体育解说 ........................................ 198
一、单板滑雪项目的简介 ........................................ 198
二、单板滑雪项目的特点 ........................................ 199
三、单板滑雪项目的体育解说 ........................................ 200

## 第八章 电子竞技解说 ...................................................................203

### 第一节 电子竞技运动的缘起 ..........................................................204
  一、电子竞技运动的发展现状 .....................................................204
  二、我国电子竞技运动的兴起 .....................................................205

### 第二节 电子竞技运动的特征 ..........................................................206
  一、突出交互性，强化用户主动性 ..............................................206
  二、运用虚拟现实，带来沉浸感 .................................................207
  三、解除属地限制，彰显国际性 .................................................208

### 第三节 电子竞技解说员的风格 ......................................................209
  一、技术型电子竞技解说员 ........................................................210
  二、人设型电子竞技解说员 ........................................................210
  三、语言型电子竞技解说员 ........................................................211

### 第四节 电子竞技解说的方法 ..........................................................211
  一、赛前基本信息的介绍 ...........................................................212
  二、赛中解说 ............................................................................213
  三、赛后复盘 ............................................................................215

# 导　论

我国体育解说的发展已经走过了七十年的历程。经过多年的发展，我国体育解说有成就，同时也呈现出种种问题。随着移动互联网的崛起和5G的铺开，对体育解说领域也产生了很大的影响，融媒体体育解说成为前沿性议题。所以，求本溯源，归纳总结当前对我国体育解说实践中的主要成果及问题，并以此为出发点，结合新形势、新环境、新技术，寻求解决之道和创新之路，也成为本教材写作的重要基础。

# 一、我国体育解说的主要成果

我国体育解说经过七十年的发展，在实践中积累了宝贵的经验，同时展现了较为突出的成果，从而体现了良性循环。归纳而言，这个循环是代际传承清晰，新老交接保证了经验传承和个性施展，从而为体育解说队伍取得较高的国内外影响力打下了良好基础。同时，学界研究跟上业界发展，相关研究可谓百花齐放。这一切又反哺教学，院校形成明确的培养目标，为体育解说队伍提供源源不断的养料。

## （一）清晰的代际划分

从张之、宋世雄到孙正平、韩乔生等，到刘建宏、黄健翔等，再到贺炜、邵圣懿等，可以说，代际传承的脉络清晰，保证了体育解说中优秀成果和宝贵经验的传承。鲁威人以社会经济和体育发展水平为划分依据，细分了我国体育解说的两个发展阶段。首先，他先划分了两个大的阶段，"纵览体育解说的发展全过程，可以粗略地分为两个阶段，即以 1978 年为界，分为改革前阶段和改革后阶段。也就是说 1951 年至 1978 年为体育解说发展的第一阶段，1978 年至今为体育解说发展的第二阶段"。[①] 之后，他继续深入，把每个阶段继续细分，"在体育解说发展的第一阶段，又可以分为前期和后期，即 1951 年至 1966 年为第一阶段的前期；1970 年至 1978 年为第一阶段的后期。体育解说的第二阶段也可以分为前期和后期，即 1978 年至 1994 年为第二阶段的前期；1994 年至今为第二阶段的后期"。[②]

金北平以"十年"为一个划分阶段，重在讨论新老两代体育解说员的

---

[①] 鲁威人：《我国体育解说的历史回顾》，《现代传播》，2003 第 4 期，第 77 页。
[②] 鲁威人：《我国体育解说的历史回顾》，《现代传播》，2003 第 4 期，第 77 页。

差异。他以 20 世纪 90 年代为划分界限，认为 90 年代前以张之、宋世雄、孙正平为代表的解说风格为传统风格，而 90 年代后以黄健翔、张斌、刘建宏为代表的解说风格为新派风格。金北平从两代解说员在解说内容比重、语言形式、自身定位与知识能力结构三方面进行比较，认为这些差异"如果从社会发展的角度去看待这一问题，也可以发现有其他一些因素造成我国体育解说风格继承与发展的连续性被破坏"。[1]之后他列举了三个"改变"（大众主流媒介的改变、满足政府与受众的需求的改变、体育解说员选拔标准的改变）去阐述造成两代体育解说员风格差异的原因，对后续解说员风格的讨论具有抛砖引玉的作用。

高敏等人把我国体育解说员发展的历史高度凝练地概括为"四代两型"，也就是说指四代解说员和两种风格。在此基础上，他们指出了当前我国电视体育节目主持人队伍的发展现状，认为"虽然我国电视体育节目主持人队伍的建设已经取得了长足的进步，但优秀的高素质专业人才、后备人才力量仍极为缺乏。同时暴露出这支队伍报道不够客观公正、缺乏体育专业知识、建构个人品牌意识薄弱等问题"[2]，进而提出"应从国家和个人两大方面入手，有针对性地探究出较为有效的发展对策，从而为我国的体育传播事业培养出更多优秀人才"[3]的建议。

### （二）较高的国内外影响力

我国体育解说在七十年的发展中，兢兢业业为赛事和观众服务，取得了较为辉煌的成就，具有较高的国内外影响力。尤其值得一提的是，作为我国解说界泰斗的张之和宋世雄。张之作为新中国体育解说的开山鼻祖，

---

[1] 金北平：《新老两代体育解说员间的差异》，《现代传播》，2008 年第 2 期，第 146 页。
[2] 高敏等：《我国电视体育节目主持人队伍发展历程、现状分析及对策探究》，《现代传播》，2012 年第 7 期，第 116-117 页。
[3] 同上，第 117 页。

可谓家喻户晓。1950年他与陈述在解说完成中苏篮球比赛后便在全国引起不小的轰动。"1951年，张之第二次被借到中央电台，在天津进行了全国四项球类比赛大会的实况解说，在听众中再一次引起轰动。贺龙元帅在这次比赛总结大会上说：'过去有说书的，现在有个会说球的，说得很生动，大家喜欢听，他也是个专家。'"[①]

宋世雄是张之的学生，他汲取了前辈的营养并发扬光大，可谓"青出于蓝而胜于蓝"。在1995年11月30日，获得了"1995年最佳国家广播电视体育主持人奖"，这是迄今为止中国体育解说员在国际传媒界获得的最高奖项。可以说，这是中国解说界的骄傲。美国广播电视体育节目主持人协会主席路易斯·施瓦茨高度称赞宋世雄。他说："宋世雄的口才横溢，对各项体育运动广见博闻，他的体育评论机智过人，充满激情。他说宋世雄虽然不懂英语，但他的成就获得了美国同行的赞赏和肯定，证明体育是没有国界的，它可以超越国与国之间的政治、社会、文化、语言的障碍，增进各国人民的友谊和了解。"[②]

后继者迈着前人的步伐勇往直前。在张之和宋世雄之后，涌现出一大批优秀的体育解说员。孙正平、韩乔生、张斌、黄健翔、刘建宏、段暄、洪钢、童可欣、陈莹、杨健、于嘉、贺炜、邵圣懿、刘星宇等。他们的解说给观众留下了非常深刻的印象。例如孙正平被称为"孙开闭"，他的解说出错率极低；童可欣解说平和自然，其亲和力让她颇受好评；贺炜在足球解说中出口成章，被誉为"足球诗人"……可以说，正是他们的解说，使得观众更加清晰地收看比赛，他们在完成体育解说任务的同时，也受到了社会各界的一致肯定。

---

① 陈文清：《记新中国体育比赛实况解说的奠基人——张之（上）》，2009年第8期，第24页。
② 宋世雄：《宋世雄自述——我的体育世界与荧屏春秋》，北京：作家出版社，1997年，第6页。

## （三）丰富的学界研究探讨

### 1. 技巧创新

在对我国体育解说的研究文献中，技巧探讨的文章数量是最多的。究此原因，是由于解说技巧是解说员能否更加有效地在议程设置过程中把观众的注意力纳入整场比赛中，以及使观众在心理上能够接受解说员的"语言导入"。当前对体育解说技巧创新的文献，大致分类三类：一是讨论其艺术性创新；二是关于解说倾向性的阐释；三是对解说评述关系的论述。

首先，把体育解说作为一门语言艺术进行讨论。体育解说作为有声语言的创作，具有很广阔的发展潜力和丰富的表现形式。鲁威人通过媒介形态的区分来讨论广播和电视体育解说的适用特点，进而具体阐述两者解说的不同技巧。宋金庄从世界杯的转播来探体育解说技巧的艺术创新。他认为，"体育解说作为一种语言艺术形式，具有极强的感染力和表现力。既是对现场状况的直接解说，更是与观众情感沟通的桥梁，在体育赛事中发挥着极其重要的作用。"[1] 若要发挥好如此重要的作用，体育解说艺术创新需要做到博采众长、善于表达和声情并茂。王群和徐力更加细化地探讨体育解说艺术创新的路径。所谓细化，就是把体育解说作为一种播音形式而具体地探讨如何进行播音实践。他们认为，体育解说"需要经过一个'由内而外'的过程，也就是创作者内心首先要具备情感，由情感引导气息，由气息引导用声，从而实现情声气的结合。在这一过程中，解说员也要对有声语言的停连、重音、语气、节奏进行设计，并运用特定的文辞，但即使是这种有意识的设计，也仍然是在内心对现场情境的理解及其引发的情感、态度指导下进行的"。[2]

---

[1] 宋金庄：《从世界杯转播谈体育解说艺术的创新》，《新闻战线》，2018年第24期，第194页。

[2] 王群、徐力：《由世界杯转播再谈体育解说艺术的创新》，《现代传播》，2011年第1期，第142页。

第二，关于体育解说倾向性的阐释。刘金骐和王喆认为，"电视体育解说的倾向性不是洪水猛兽，不是说解说不能有倾向性，解说也不可能没有倾向性，而是要适度"。①可以说，度化的问题是一直困扰体育解说界的一个难题。到底什么原因引起了度化问题？任艳青和孙岩认为，体育解说员的自身素养、媒体的自身管理、传媒环境和社会环境都可能是引起度化问题的诱因。对如何规避度化的问题，刘金骐和王喆认为要做到客观、公正与倾向性适度性结合，关键在于把握情感的"度"。"感情的流露就要有内心依据，是自然的流露，不是做作，要从赛事解说评论的特定要求出发，做到入情入理、适度得体。"②

第三，对体育解说评述关系的论述。前文提及，体育解说绝不仅限于对比赛解释说明的范畴，而应该由表及里、由外而内的方向深入。冯然认为，体育解说员追求的目标应是更新、更深、更精。也就是说，体育评论应是叙述的升华。他认为，"电视体育评论作为一种针对赛场上值得评述的事实和动态而进行议论、表明观点和态度的创造性的思维活动，应该努力在评论的内容和形式、深度和精度上进行创新和开掘"。③在如何处理好体育解说的评述关系上，刘卫新认为"尽量使二者自然、有机地结合起来，让评论和同步解说达到和谐的平衡，使之尽量接近观众欣赏精彩比赛的需求"。④

### 2. 解说原则

任何体育解说技巧必定是在一定范围内进行创新，而这个范围就是原

---

① 刘金骐、王喆：《关于电视体育解说倾向性的探讨》，电视研究，2006年第7期，第34页。

② 同上，第35页。

③ 冯然：《更新、更深、更精——电视体育评论走向小议》，《电视研究》，2004年第9期，第25页。

④ 刘卫新：《正确把握体育解说中叙述与评论的关系》，《东南传播》，2007年第8期，第33页。

则。原则是一种秩序,一种保证体育解说顺利运行的秩序。所以,在我国体育解说的研究框架内,对体育解说原则的阐述也占有一定的比重。王晓东和王雪宜认为评判体育解说员的标准在于其是否满足了观众的需求。进而他们认为体育解说员应该遵从服务性、专业性、一致性、情感性、艺术性、真实性、善意性、政治性八大原则。李强认为体育解说员遵从的原则核心在于专业化,因为专业化考验着解说员对专业知识的认知能力。他进一步谈及具体的规范原则,认为专业型的解说员应达到"1.通晓竞赛规则及裁判法。2.对技术、战术的术语表达准确。3.熟知各种技术和战术的特。4.了解对技术和战术训练的方法和过程。5.具有分析、概括比赛的能力"。[①]

人文关怀也是学界讨论体育解说原则的重要议题。魏伟通过对"家里人"现象成因的阐释来呼吁体育解说应维护客观性立场。但从更深的角度观察,"家里人"现象很容易产生大国沙文主义情绪的倾向,而遮蔽了人文精神的体现。所以,做到主客观平衡的纽带应在于人文关怀的注入。李冶业认为体育解说是一种文化活动,应该彰显人文精神,所以在解说中应加入人文关怀。他认为,"在体育传媒节目制作的实践,推进了当代体育解说中人文化的进程,'人文奥运'背景下,面对日常赛事转播的增多、体育市场的繁荣、观众水平的提高,让我们不得不去思考有关电视体育解说人文关怀的实现,尤其是作为对'人'的关怀的实现问题"。[②]

### 3. 多维视角

当前,对体育解说的研究并没有拘泥于就事论事,而是积极地从不同视角介入,试图不断挖掘其更深层次的内容。体育解说是重要的语言传播活动,具有多种学科属性的交叉,从中可以引申出多种视角的阐释,包括

---

[①] 李强:《专业型解说——电视直播体育比赛的解说原则》,《中国广播电视学刊》,2000年第1期,第63页。

[②] 李冶业:《体育解说"人文化"中对"人"关怀的实现》,《中国报业》,2012年第4期,第97—98页。

传播学、语言学、符号学、艺术学、美学、社会学、心理学等。在此，笔者列两个学界重点运用的视角。

首先是传播学视角。传播的本质在于信息流动的过程，而体育解说是解说员传递赛场信息给观众。所以两者之间的联系是非常紧密的。魏伟从传播学效果进行考察，认为体育解说员具备"把关人""意见领袖""议程设置者"和"涵化者"等多重功能。武学军从语境的角度论述体育解说的内涵、功能和表达的独特性。她认为，"电视体育解说是电视语境下有声语言艺术的创作过程，是电视体育图景的语言构建过程，是体育比赛实况的解读和传播过程，需要解说员从语境视角、从表达层面、从传播途径去思考解说的模式与方法"。[①]陈昕瑜运用使用与满足理论来解读国际网球比赛的电视直播艺术。他认为，一场好的解说，要满足受众的娱乐、求知、审美需求，进而使受众在比赛中获得高峰体验——"体育赛事是由'人'来参与、组织、进行的，包含着丰富的人的因素：情感、思考、意义、价值等，更多的人文关怀融入评论，只会令整场解说更加丰满、更有张力、更有人情味，使观众从中获得情绪上的'高峰体验'"。[②]

第二是语言学视角。语言作为传递比赛实况的载体，如何把握体育解说的语言直接关系到转播比赛的质量。王群和张弘认为，体育解说的语言应该是：一是要简短精练，二是声音色彩要明亮和语势上扬，三是语言能够煽情。赵晖和李玉兴认为体育解说语言的节奏控制也很重要，要做到"'快''慢'有致，'冷''热'相间，'收''放'自如"。[③]葛厚伟从模因论出发，论述体育解说蕴含的语言模因及其认知机制。他认为，"解说员大

---

[①] 武学军：《语境视角下电视体育解说再思考》，《广州体育学院院报》，2012年第2期，第71页。

[②] 陈昕瑜：《从使用与满足理论看国际网球赛的电视直播艺术——兼评童可欣、许旸2013年温网男单决赛的现场解说》，《新闻记者》，2013年第12期，第88页。

[③] 赵晖、李玉兴：《试论体育解说中节奏的控制》，《中国广播电视学刊》，1999年第S1期，第60页。

量使用建立在'战争'隐喻基础上而形成的语言模因复合体,将体育赛事蕴涵的艺术灵感和成分充分开掘并表达出来,增强了解说效果和感染力,形成了其解说的个性和特色,使其解说本身也给观众带来艺术性享受"。①

**4. 人才培养**

人才培养是使体育解说员队伍不断注入活力的重要保障。所以如何提高解说员的素质和培养水平,在学界是一个重要且紧迫的问题。通过对文献的梳理,学者们在对我国体育解说存在的问题大致具有几方面共识:体育理论知识不足;激情和个性化不够突出;描述性语言过多;解说基本功不扎实等。针对这些问题,学者们也给出了"医治的药方"。

寿文华认为当前体育解说员的专业素质和观众的需求还有一定的差距。所以对解说员的培养,应注意到提高其文化、业务和语言素质。蔡家宝认为,"体育解说员要有深厚的素养和快捷高超的处理问题的能力"。② 具体而言,他认为体育解说员应具备过硬的政治素质、强烈的敬业精神、多向型的知识结构、冷静敏捷的应变能力、深厚的语言表达功底。王沂和夏荣指出,加强体育解说员综合素质的培养、巩固体育专业理论知识,提高解说员的语言艺术和加快解说员培养制度的改革是体育解说人才培养的重要工作。除去上述这些基础性工作,王东林指出的体育解说员应增强伦理意识也应该成为体育解说员的重要素质和培养重点之一。他认为,"就体育解说而言,解说员在解说工作中同样存在着必须遵循的潜在伦理意识,即:针对赛事主体(运动员)的尊重和对于赛事规则(纪律约束)的自觉遵守"。③

面对互联网技术的普及,社交媒体的崛起,新媒体解说对传统的电视

---

① 葛厚伟:《模因论视野下的解说与认知机制》,《求索》,2011年第11期,第224页。
② 蔡家宝:《2008年北京奥运会体育解说员培养研究》,《武汉体育学院学报》,2006年第8期,第46页。
③ 王东林、张德胜:《体育解说应注重伦理意识》,《青年记者》,2017年第3期,第40页。

体育解说构成了严峻的挑战。为了使人才培养方向适应新形势、新环境、新技术，新媒体解说的人才培养也应成为讨论的重点。孙世娇提出了两点有建设性的意见："第一，以在艺术院校开设体育解说课程为出发点，建立体育解说人才阶段化培养体系，增加体育解说人才数量。第二，开展体育解说课程系统化、全面化教学，完善体育解说教学体系，促进体育解说事业的发展"。[1]总结而言，正如张悦宁所指出的，"唯有适时地提高业务品质才能适应新时代的需要，而对一个品牌节目主持人的塑造，不能满足于打造一个'点'，更多注重的是一个主持人的全方位打造，着眼于主持人的'立体'建构，经过入行的定位阶段和打造品牌的阶段，挖掘潜力，打造包装，最后建立一专多能，发展多方面的能力"。[2]

### （四）明确的院校培养目标

随着体育解说的发展，人才培养亟待跟上实践的脚步。院校培养成为人才梯队建设的重要依托。拥有播音主持艺术专业的院校和各大体育院校明确培养目标，找准定位，成为体育解说实践的重要组成。在此列举几所院校的培育目标可以作为佐证。

中国传媒大学：2002年10月中国传媒大学播音与主持艺术学院开设体育评论解说通道班。选拔范围只针对播音主持艺术专业的学生，标准为既拥有熟练的口语表达能力，同时又热爱体育。通道班制定了非常明确的培养目标：既能适应广播、电视对解说员、评论员的需求，又能满足广大体育迷和普通观众的口味，在行内有一定知名度，在观众中有一定的影响

---

[1] 孙世娇：《新媒体形势下艺术院校培养体育解说人才的思路探讨》，《新闻研究导刊》，2019男第1期，第35、82页。

[2] 张悦宁：《电视体育节目主持人专业能力的重塑》，《东南传播》，2019年第4期，第163页。

的高素质从业人员。①

北京体育大学：本专业培养拥有人文社会科学素养、国际视野和创新意识，掌握戏剧与影视学、新闻传播学、中国语言文学、体育学等多学科基础理论知识，具备播音主持、体育解说、现场报道等应用能力，能够适应科技进步、媒介融合和社会发展需要，在各类媒体机构、企事业单位、社会组织从事口语传播工作的复合型、应用型人才。（引自北京体育大学播音与主持艺术专业本科培养方案）

西安体育学院：培养德、智、体、美全面发展，系统掌握新闻传播学、中国语言文学、播音学以及体育、艺术等学科的基本理论、基本知识和基本技能。具备在体育赛事中报道、现场解说的能力，能在广播、电视、网络等传媒机构和其他相关单位从事播音主持及新闻传播工作的应用型人才。（引自西安体育学院2020年艺术类专业招生简章）

广州体育学院：播音与主持艺术专业以播音学为基础，以新闻学为方向，以体育节目主播为特色，培养能熟练运用普通话、粤语、英语等多种语言，从事电视台、广播电台及网络等各类媒体从事播音主持、体育赛事采访、报道和现场解说，或在相关部门从事语言传播工作的应用型人才。（引自广州体育学院2020年播音主持专业招生简章）

上海体育学院：现有播音与主持艺术（体育解说方向）、播音与主持艺术（电竞解说方向）两个专业方向。我校始终把培养"具有影响力的体育节目主持人与解说员"作为专业办学目标，以培养有特色、被需求、高质量的体育解说和主持人才为立足点，明确应用型本科建设定位，以专业和产业融合、学院与企业合作为突破口，积极探索具有中国特色的体育播音与主持艺术教育之路。（引自上海体育学院传媒与艺术学院简介）

武汉体育学院：播音与主持艺术专业旨在培养拥护党的路线、方针、

---

① 张德胜、武学军主编：《体育解说评论》，武汉：华中科技大学出版社，2018年，第290页。

政策，具备广泛文化知识、艺术水准和良好职业道德，德智体全面发展的，具有广播电视节目播音主持、体育解说评论的专业能力，能够在广播、电视、网络等传媒机构从事播音主持及其他语言传播工作的应用型人才。（引自武汉体育学院 2020 年艺术类招生简章）

综上看来，各院校把新闻传播、语言表达和体育相关知识作为培养支点，通过塑造学生的思想、专业、审美等素养，为社会提供所需人才。经过多年的实践，人才培养体系较为成熟，这就保证了体育解说队伍新鲜血液源源不断，永葆青春。

## 二、我国体育解说的问题呈现

体育解说有着现场感强烈、风格多样、形式多元等特点，但把这些特点都充分发挥出来并非易事。我国体育解说从起步到如今有了长足发展，但也暴露出一些问题。

### （一）解说内容较为表面化

传者传达信息的有效性和可接受性越高，受者接受力就越强，双方的互动性程度就越高。电视体育解说员传达的信息越是能够触动观众的未知领域，调动观众的求知欲和参与性，那么解说员的解说才可以获得成功。

体育解说和其他节目不一样，它是靠体育解说员在即兴状态下，根据赛场发生的瞬息万变的情况，对比赛状况做出快速、准确的描述或者评价。随着时代的发展和社会的进步，受众为中心的传播时代使得人们已经不再满足于对比赛表象的认知，因为很多"铁杆"体育观众长时间追随某项赛事或者某支球队或者某个运动员，已经对比赛规则、比赛中的一些基本情况了如指掌，出现了体育观众职业化的现象。如果我国体育解说还是朝着仅仅对比赛的一些基本状况进行解说的话，那是很难满足观众需求的。比如如今一些足球比赛，还是会出现这样的解说：××把球控制在脚下，传给××，××又传给了××，几名后卫在后场来回倒脚。这样的解说，对观众而言，在电视上可以一目了然，更何况是忠实的"铁杆"球迷了。这时候观众最想知道的队员在后场倒脚的意图，是不是觉得这时候发动进攻时机不到，还是进攻队员投入的人员不够，等等，解说员应该对比赛未来的趋势做出判断，这样才能抓住观众的心理，才能吸引观众。

### （二）专业知识较为欠缺

古人云："器大者声必宏，志高者意必远。"专业知识对于各领域的人来说是其立足之本。一个人掌握自己工作领域的专业知识越多，那么工作时就越胸有成竹，越有底气，成功的几率也就越大。作为一名体育解说员，"说"是手段，但是"说什么""怎么说""为什么说"就考验其是否有过硬的专业素质。可是专业素质一直以来被很多体育解说员忽略。我国有些电视体育解说员以为只是了解一些基本的比赛规则，记住一些运动员的名字就可以了，这是不行的。每一个体育项目都有其各自的特点，每一项比赛的过程都会有意想不到的情况发生，比如因故导致比赛中断，或者预先给出的比赛人员名单和实际不相符等。这些突发情况一旦发生，解说员有时候就不能按照既定套路去解说，这就需要体育解说员平时多下功夫，多去积累，对比赛项目深入了解，方可应对自如。"所谓秀外慧中，绝非一朝一夕的技术训练所能完成的，'秀'不过是表，是慧的外在体现，而'慧'则是本，是长期修炼的果实"。[①]

### （三）语言风格较为单一

语言，具有信息传递和人际互动的功能。语言风格，是传播人传递信息和进行人际互动的方式，是要通过丰富的思想感情体现出来。电视体育

---

[①] 鲁景超：《广播电视即兴口语表达》，北京：中国传媒大学出版社，2000年，第23页。

解说员对比赛声情并茂地解说，才能赢得观众的欢迎。在我国，有些电视体育解说员模仿痕迹过重，失去了自己的风格特点。香港足球解说员丁伟杰曾经说过，"内地解说风格太统一，没有解说员自己的特点"。①由于每个人的声音条件、文化修养、个人气质和喜好都不同，如果过分模仿他人解说风格，就会导致"邯郸学步"的结果，失去自身的优点和特点，也没有模仿到被模仿人的精髓，到头来一事无成。还有些解说员声音条件好，普通话标准，于是忽略了声情并茂，忽略了现场感和对象感，一味地表现自己好的声音条件，甚至还出现用"播音腔"来解说比赛，造成死板生硬，让观众极不舒服。所以，作为体育解说，也应该"使声音、气息、口腔状态在具体的思想感情支配下，不仅各自要以相应的姿态出现，他们之间还要有巧妙的组合和配置。正所谓，因情用气，气随情动，以气托声，以情带声，因随意转，声随情出，最终以声、情传情"。②

### （四）新媒体解说被忽视

随着互联网技术的普及，准入门槛的降低，所带来的结果是，议程设置权利的下放、社交媒体的崛起、"众人狂欢"时代的到来。在此语境下，体育解说正从官方媒体垄断的神坛上走下，供大众进行体育解说的平台也应运而生，例如企鹅直播。所以，只要爱好体育、喜欢解说的普通大众都可以参与到比赛解说中来。

当前，对我国体育解说的研究中，对新媒体语境下的解说严重不足。在为数不多的文献中，林小榆和叶紫辰通过论述体育解说当前面临的新形势，认为体育解说员应该"不断提高自身的综合素质，为受众提供专业、全面的信息，把握正确的传播观念，做好信息的'把关人'，并充分利用

---

① 足球解说流派之粤派丁伟杰：粤语有独特表现力，https://sports.sohu.com/20050720/n226380871.shtml.

② 张颂：《中国播音学》，北京：中国传媒大学出版社，2003年，第347页。

新媒体创造的传播手段和社交终端,树立个人品牌,积极对体育解说的形式进行创新"。①最后他们得出"群体式解说"和"辩论式解说"是未来体育解说形式的趋势,值得大胆尝试。柳亚鹏和王若蘅认为,融媒体时代的带来催生了体育用户社会群化的现象,因而对体育解说提出了新的要求。他们对当前体育解说员的转型给出的路径是"1.充分利用UGC反哺PGC;2.适应网络碎片化和符号化的多向传播语境;3.重视合理的情绪化表述,引导释放球迷情绪"。②张艺兴考察了中国电竞解说的发展现状,发现目前电竞解说的缺口日渐扩大,对其给予投入大有作为。随后他比较了电竞界说和传统解说的异同,最后他坚信电信解说虽然存在不规范、不标准等问题,但终究会迈向主流。

总之,新媒体解说作为体育解说的新兴分支,是未来发展的重要方向和前沿。如果忽视其研究,就会固步自封,原地踏步,停滞不前。所以,学界应加大新媒体解说的文献数量和质量,赶上时代发展的大趋势,推动体育解说领域迈上新的高度。

## 三、本书的创新点及意义

本教程力求在学界和业界的研究成果基础上,突出新背景、新材料和新观点,以期为理论、教学和实践方面提出建设性意见。

---

① 林小榆、叶紫辰:《当今体育解说面临的新媒体形势及应对策略》,《北京体育大学学报》,2013年第6期,第35页。
② 柳亚鹏、王若蘅:《融媒体环境下球迷社群化对体育解说的影响》,《青年记者》,2017年第17期,第79页。

### (一)本书的创新点

创新是某一事物动态地向前运动的推动力。教材的持续更新，意味着该领域不断发展。所以笔者试图用新背景、新材料和新观点介入体育解说案例分析中，体现其创新点，以此推动该领域的研究和实践进展。

#### 1. 新背景

融媒体是伴随着移动互联技术的发展而兴起，从而导致平台社交的崛起，原来单向的中心——边缘的传播结构被去中心化的网状结构取代。以此带来的信息传播主体、内容、渠道、受众和效果都在发生相应的变化。在这样的语境下，"新的生态关系在同步进行建设与破坏，传媒业前所未有地经历着从物质到精神两个层面的变革"。[①] 如此一来，传媒业的变化势必对体育解说造成深刻的影响。例如体育解说员的构成已经不再是单纯的传媒从业者，普罗大众都可以在网络平台申请账号尝试解说；体育解说的内容也从较为单调的风格转向在灵活多样；传播渠道除了传统的电子媒介（广播和电视）外，网络平台正在成为体育解说的新兴场所；受众在融媒体背景下转变为互动性更强的用户；传播效果在网络空间形成的与体育解说员交互常态化中更加明显。所以，将新背景和新环境带入本书中，既是对新技术带来新现象的观察和思考，更是本书的一大创新。

#### 2. 新材料

作为教程，案例的重要不言而喻。案例既是把理论通俗易俗传授给学生的催化剂，又是使知识能够更加生动、立体的手段。作为体育解说，由于比赛的场次之多，林林总总之中对案例的选择和分析就显得尤为重要。本书在选取材料时力争做到两点：一是保留了体育赛事的经典案例，例如奥运会的开闭幕式、足球世界杯、美国男子篮球职业联赛（NBA）等经典赛事的体育解说。因为经典是传承优秀成果的必由之路。二是加入了新材料、新案例。把一些在以往文献中很少出现但的确符合当下语境的材料加进去并辅以分

---

① 杨溟主编：《媒介融合导论》，北京：北京大学出版社，2013年，第5页。

析。同时把电子竞技解说和冰雪项目单独成章，既是符合融媒体的媒介背景，又是迎合北京冬奥会的契机，从而对以往教材盲点的补充。

**3. 新观点**

一直以来，体育解说到底归属于哪个学科领域屡有争论。笔者不求结束争论，毕竟争论是思想火花迸发的源泉。但是笔者认为，体育解说作为体育、新闻传播和播音主持艺术交叉的重要地带，单一学科的培养已经不能满足未来用人单位的需求。这就需要走出固有思维，以开放性视野重新审视当前模式。体育解说的立足根本在于新闻传播学，而又必须兼具对体育的热爱和对体育理论、运动心理学、体育训练等方面的理解，以及"说"的功底。所谓"说"，是在指涉播音主持艺术领域中的即兴口语表达、语言创作等内容。

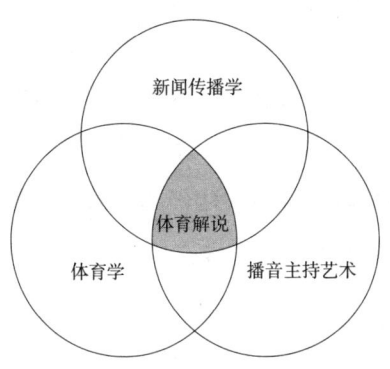

**体育解说是三学科的交叉地带**

以此为出发点，本书引入新闻学、传播学、体育学以及播音主持艺术学等相关视角和理论对研究对象和案例进行分析，既打破单一视域带来的局限，又弥补了在体育解说研究中理论关照不足的问题，更是为广大师生呈现更加深入到位的剖析。

## （二）本书写作的意义

本教程立足于扎实理论、助力教学、服务实践的理念，希望对该研究和实践领域产生积极效果。

**1. 理论层面**

如前文所述,在体育解说的研究中,理论关照的缺陷是当前研究的一大问题。所谓理论指导实践,没有理论作为支撑,实践就成了无源之水、无本之木。笔者力图使用新闻传播学、体育学、播音主持艺术学等领域的理论介入案例分析中,既是案例分析有据可依,有源可查,又可以提升整本书的格调与层次,为实践提供智力支持。

**2. 教学层面**

教程是教学的指引和方向,可以说是教师传授知识的"传送带"。一本逻辑清晰、思路开阔的教材有助于打开学生的眼界,丰富学生的思想,调动学生的思维,从而产生良好的课堂效果。这是本教程的重要宗旨,为课堂教学起到抛砖引玉的作用。

**3. 实践层面**

体育解说是实践性很强的领域。如果没有大量实践作为依托,体育解说就成了纸上谈兵。所以作为教程,案例分析就很好地成为架构起课堂和实践的桥梁。在新的媒体环境下采用经典与新近案例的搭配与解析,试图为学生更加有效地实践提供一定指导。

## 四、本书的基本框架

全书的编写框架如下:

导论,该部分介绍了我国体育解说的成果及问题所在,以提出本书的创新点和意义,为全书锚定写作方向。

第一章,融媒体体育解说的基本概况。该部分主要介绍融媒体体育解说的界定、本质,以及融媒体时代体育解说员的角色定位和传播功能。

第二章,融媒体体育解说的基本方法。该部分主要介绍融媒体体育解说的赛前准备、解说方法及赛后总结。

第三章，大型体育赛事开/闭幕式解说。该部分主要介绍大型开/闭幕式的解说。

第四章，"三大球"项目的体育解说。该部分主要介绍足球、篮球和排球这三种大球类项目的解说方法。

第五章，体能主导类项目的体育解说。该部分主要以短跨类、游泳、越野滑雪为例介绍快速力量型、速度型、耐力型项目的解说方法。

第六章，技能主导类项目的体育解说。该部分主要以跳水、射击、乒乓球、网球、拳击为例介绍表现难美型、表现准确型、隔网对抗型、格斗型项目的解说方法。

第七章，冰雪项目的体育解说。该部分主要介绍短道速滑、冰球、花样滑冰、自由式滑雪、单板滑雪体育项目的解说方法。

第八章，电子竞技解说。该部分主要介绍电子竞技的兴起、解说风格特点、解说方法。

# 第一章 融媒体体育解说的基本概况

　　融媒体是互联网技术发展一定阶段的产物。它旨在把报纸、广播、电视、网络的优点集于一体，发挥1+12的作用，使传播手段、模式、效果得以全面提升。在此语境下，体育解说也在发生着变化。传统媒体体育解说的核心地位受到挑战，观众对优秀体育解说员的需求不断提升，对专业性的要求不断提高需要体育解说发挥信息传播、审美娱乐和价值引导的多重功能。同时，网络技术导致个体力量释放，每个人都有机会成为体育解说员，可谓是"众声纷纭""人人参与""百花齐放"。由此，融媒体体育解说在界定、特征方面较传统体育解说呈现出一定的差异，也发挥出一定的优势。同时，体育解说员的角色定位在原有基础上也发生了一定变化。

## 第一节 融媒体体育解说的概念界定

概念界定是对研究对象展开讨论的基础。明晰对融媒体体育解说的界定可谓是构建其分析框架的基石。但是，纵观当前的文献，对融媒体体育解说的界定几乎没有，大多都是从传统认知出发。可以说，在新的媒介环境下对体育解说作出新的解读，是对体育解说概念界定的一种补充。

### 一、体育解说概念的传统认知

当前，对融媒体体育解说的概念界定可以说因对其本质的理解不同，所得出的结论不同。但是，大多数学者还是从传统体育解说入手对其进行界定。他们认为体育解说的本质在于有声语言的创作——"从实践操作的角度讲，体育解说的本质应是一项有声语言的创作活动。它同时是一种有声语言的符号。而电视体育解说的本质则是植根在电视平台上的这一创作活动和符号。"[①] 在这一本质下，魏伟认为，"通过某种特定语言对竞技运动、身体锻炼和体育游戏等一切与体育相关的活动进行描述和叙述，可能兼备预测、评论和烘托等功能的一种体育播音形式"。[②] 彭曙光认为，"体育解说是指对正在进行的体育赛事进行实时解读。具体地说就是对体育比赛现场场景进行描绘说明、对技术战术特点和比赛结果进行分析、评论和预测"。[③]

王群认为体育解说的本质在于教育，"体育解说除了表层的对于体育竞赛的口头上的解释说明之外，还应该被认为对以发展体力、增强体质为

---

① 徐力：《试论电视体育解说的功能和结构》[J]，《现代传播》，2015年第8期，第167页。
② 魏伟：《体育传播学教程》，人民体育出版社，2012年，第3页。
③ 彭曙光：《浅析体育解说的时代文化性》，《电视研究》，2013年第10期，第59页。

主要任务的教育的口头上的解释说明，并在各项运动中体现出来"①。据此界定，他进而认为体育解说的内涵在于体现文化精神、智慧、政治性和艺术美感。

张德胜等人认为新闻传播作为体育解说的基础属性，又与艺术性相交叉。他们分析体育解说的本质是以服务性为出发点，新闻性、评论性、娱乐性为基本要义，以及艺术性为最高追求。故把体育解说界定为"体育解说评论是一种以视听媒体为主要媒体平台，以体育受众为服务对象，对体育赛事进行口头即时描述、解释和评价，以便受众更好地观赏体育赛事的新闻传播活动"。②

## 二、融媒体体育解说的界定

上述学者对体育解说的界定不尽相同，但归纳而言，有两点已经成为学界的基本共识。一是学者们都认为体育解说是一种知识活动，它承担着对瞬息万变的赛场进行解读的任务，是引导观众能看懂比赛的重要枢纽；二是学者们都承认体育解说不仅仅是一种对比赛的解释说明，而是蕴含着更加丰富和深刻的意涵。正如邹望梅和张德胜所认为，体育解说具有描述、解释和评价的逻辑层次。他们认为，"解说的逻辑层次并非一层不变，它更多是三种逻辑的综合运用"。③他们指出，这种逻辑层次应用不是简单的加法，而是乘法，所以可以表述为体育解说＝描述 × 解释 × 评价。

笔者同意体育解说的逻辑层次，这已经道出了体育解说和体育解说员的任务所在。但是在融媒体语境下，传播的模式在发生变迁。而传统界定在大众传媒环境下默认了体育解说的主体是专业化的传媒从业者，

---

① 王群：《体育解说的内涵与功能》，《现代传播》，2003年第3期，第131页。
② 张德胜：《体育解说评论的本质特征与主体角色》，《武汉体育学院学报》，2017年第5期，第6页。
③ 邹望梅、张德胜：《论体育解说的逻辑层次》，《广州体育学院院报》，2003年第4期，第128页。

传播渠道被认为是主流体育媒体，在当前看来已经很难解释新传播技术催生的体育解说新动态。如图 1-1 所示，传统的体育解说在大众传播时代是一种"你解说，我接收"的单向模式，存在传播主体和渠道单一、受众反馈不及时等缺陷。

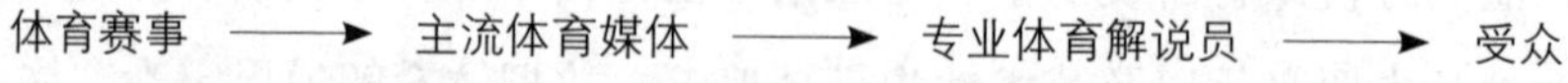

体育赛事 ⟶ 主流体育媒体 ⟶ 专业体育解说员 ⟶ 受众

图 1-1 大众传播时代的体育解说模式

如今在融媒体时代，如图 1-2 所示，体育解说的模式变得更为复杂和多元，首先，主流媒体依然是体育赛事转播的重要阵地，由专业化的体育解说员进行解说。但新兴的互联网媒体特别是移动互联已经对传统媒体构成了挑战。主流体育媒体逐步和互联网进行融合，在网络平台构建客户端，实现主流媒体的多渠道赛事转播。同时，融媒体时代体育网络媒体兴起，体育解说的主体不再只包含专业化的体育解说员，而是以降低门槛来吸纳更多的体育爱好者进行解说。最后，传播的终端依然不是单纯接收信息的受众，而是互动性、参与性、选择性更强的用户，他们可以点播、回看，和体育解说员实时互动和反馈。简言之，传播主体多元化，传播渠道多样化，受传者实时反馈，从而完成构建体育解说的"双向"传播链条。

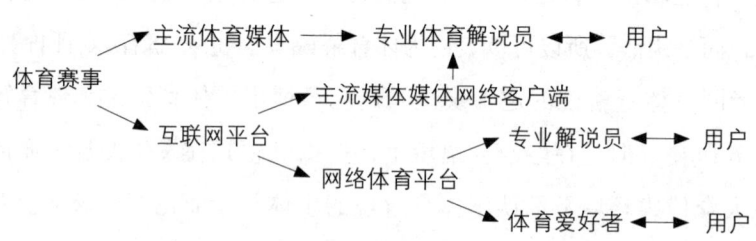

图 1-2 融媒体时代的体育解说模式

所以，综合新的媒介技术背景和体育解说的模式重构，可以这样理解融媒体体育解说：多元传播主体（专业体育解说员和体育爱好者）以口语创作的形式在多样化传播渠道（主流媒体和互联网平台）对体育赛事进行即时描述、深入解读、渲染气氛和总结评价，并同用户进行实时互动，从而完成对体育赛事信息的传播活动。

## 第二节 融媒体体育解说的特征

融媒体体育解说的特点是脱胎于大众传媒，但在此基础上又弥补了大众传媒的缺陷。也就是说，其解说特征既具有广播电视体育解说的传统特点，又注入了其因媒介技术引发的独有特色。二者融合在一起，就形成了融媒体体育解说的三大特征：现场感与交互性并行、选题与表达合理性并轨、语言多样性与艺术性并举。

### 一、现场感与交互性并行

现场感是电视体育解说的一大优势。刘建明等人编著的《新闻学概论》里对"电视"的定义："电视泛指通过无线电波或导线，由光电变换系统快速、连续传播图像并伴有有声的传播媒介，包括无线电视、有线电视和卫星电视，并经历了从机械电视、电子管电视、晶体管集成化电视到数字电视的演变。电视作为影像媒介，整合多种感官的注意力，是擅长表现特写画面的媒介。"[①] 由此可以看出，电视具有声画并茂的优势。而现场感就是主持人或者记者把电视这种优势放大，让观众可观的同时，还能可感，调动观众的参与性，让观众有亲临现场的感觉。

电视体育解说员作为媒体从业人员，也就承担了把电视的声画并茂优势放大的重任。在体育比赛转播中，解说员可以说是比赛现场的目击者和掌握第一手材料的人。当电视体育解说员在现场评论席进行解说时，解说员自然而然就会被现场的气氛所感染，解说语言和比赛高度融合，加上电

---

[①] 刘建明等：《新闻学概论》，北京：中国传媒大学出版社，2007年，第26页。

视媒体的视听效果强烈，观众在观看体育比赛的同时，还能够能听到来自电视体育解说员的描述、评论，更能达到身临其境的效果。比如1998年法国足球世界杯八分之一决赛的一场，是由巴西队迎战智利队，当巴西球星桑帕约在角球中头槌破门，为巴西队首开纪录时，我国的解说员随着进球的精彩，随着桑帕约进球后的兴奋，随着全场球迷的欢呼，其情绪高涨，解说道："球进了，漂亮。桑帕约今天刚刚红牌解禁，就为巴西首开纪录。他说今天一定要为巴西队进球，他做到了！"（录自1998年法国世界杯八分之一决赛巴西队对阵智利队的现场解说）强烈的现场感产生了很好的渲染效果，抓住观众的观赛心理，使其身临其境。

融媒体体育解说，不仅延续了现场感的身临其境，其交互性也是体育解说员在突出现场强烈刺激的同时需要格外关注的重点。如果说现场感突出的是视听刺激，那么交互则突出的是交流。交流在于把用户深度卷入比赛现场，而不仅仅是旁观者。受到媒介技术的局限，电视只是把观众纳入"现场"，而不顾其思想与感受。观众作为旁观者很难表达自己的所思所想，很难即时和体育解说员进行互动。而在融媒体时代这个问题迎刃而解，如果套用麦克卢汉的话说："任何媒介（即人的任何延伸）对个人和社会的任何影响，都是由于新的尺度产生的，我们的任何一种延伸（或曰任何一种新的技术），都要在我们的事务中引进一种新的尺度。"[1] 融媒体技术不仅是人身体的延伸，更是感官和神经系统的延伸，这种新的尺度导致了人的整体卷入：身心一体。所以当今体育解说员会在微信微博平台选取用户留言进行答疑和评论，以及在"弹幕"上与用户进行实时互动。从这个角度讲，用户从旁观者转为参与者，这比传统体育解说迈进了一大步。

---

[1] [加拿大] 马歇尔·麦克卢汉：《理解媒介：论人的延伸（55周年增订本）》，何道宽译，南京：译林出版社，2019年，第17页。

## 二、选题与表达合理性并轨

选题，在即兴口语表达中是"说什么"的前提，是一项基础性工作。大千世界，无所不有，选题往往决定一档或者一期节目的成败。鲁景超老师在《广播电视即兴口语表达》中也提到过，说选题和价值观、审美追求和判断能力息息相关。做好选题，必须在做好调查，不能盲目跟风，要有可信性和权威性，这样才能使得选题科学化、合理化，才容易被受众所接受。

在体育解说中，当一项体育比赛进行中时，体育解说员面对比赛的实时情况，如何选择角度去解说；哪些题材适合解说，哪些不适合；哪些题材是作为解说的主要内容，哪些不是等，这些都考验着一名体育解说员对比赛的专业水平、敏感程度和阅读能力，同时也体现着其解说风格。所以，体育解说员在解说时，对比赛中的题材要合理选择，才能使得解说被观众接受。

选题是议程设置水准的衡量，在其之后如何通过体育解说来表达则是议程设置能够成功执行的关键。也就是说，在体育解说员对比赛信息或者题材的选择合理化的同时，能否有效地控制和把握好题材选择的表达同样至关重要。尤其是在融媒体时代，媒介准入门槛降低，议程设置权下放，表达的自由度和自主性较传统体育解说要强，那么如何控制好表达自由与合理性的张力尤为重要。例如2010年广州亚运会，体育解说员在开幕式中说道："此时的海心沙岛，盛满了欢乐与祥和，再过一会儿，亚洲45个国家和地区将在这个美丽的小岛上实现团聚，共叙友谊。"（录自2010广州亚运会开幕式的现场解说）可以看出，体育解说员在表达时，使用"团聚"和"友谊"等作为体现体育价值的重要符号，以此超越狭隘的地域性，面向广阔的时空，联结起所有受众的共同期待。这就是体育解说员把选题与表达合理地联系在一起，以体育文化符号的共享让观众彼此达到情感联结，从而使其获取强烈的体育文化认同感，以此达成其对体育价值的共识。

### 三、语言多样性与艺术性并举

人类并非机器，人类是有思想的，所以人类的语言也并非白纸，而是蕴含着丰富的情感。语言是人与人交流的重要工具。吴郁认为，"播音员、主持人作为广播电视传媒中专业的语言传播者，理应是一般人群中语言表现力和感染力比较强的人，加之广播电视大众传播的特殊语境，受众对于专业的语言传播者的语言表达是否富于表现力、感染力，既有认知层面的要求，也有审美层面的要求"。[①]

在体育解说领域，融媒体技术打破了专业与非专业解说员的界限，由曾经主流媒体建构的具有标准化的语言风格逐渐转向多样性。这样既突出了体育解说员的个性化，又给观众带来多种选择，满足其不同心理需求。例如有激情四射型解说，当比赛进行至高潮时，体育解说员的激情解说（当然，不能失控）调动了观众的情绪；有稳重理性的解说，这在我国是比较常见的，比如射击项目，根据该项目的特点，需要运动员沉着冷静进行比赛，所以体育解说员也要冷静地观察场上发生的一切。在选手开始举枪准备射击时，体育解说员一般都会运用柔和的音色有意地提醒大家保持安静，目的是为了使选手有一个平和的心态，音色柔和，语速从容，娓娓道来；有调侃搞笑的解说，比如当波兰裔的德国球星波多尔斯基将球攻入波兰队大门时，解说员会说"老乡见老乡，背后开一枪"，诙谐幽默，总会带给大家轻松畅快。

如果说语言多样性突出了体育解说的个性化，那么这种个性化如何使观众"看"比赛提升为更高一级的"享受"比赛，这是由语言的艺术性所决定，也是一名优秀的体育解说员所具备的重要素质。语言传播是一门艺术，它可以在与他人交流中赢得认可，也可以赢得他人的合作。那么在体育解说中，解说员作为专业的语言传播者，他的话怎么去说，直接影响着观众的接受效果。有很多体育解说员为了表达自己的某种情绪或者达到某种解说目的，利用自己深厚的语言功底，使解说具有艺术性。比如在2014

---

① 吴郁：《当代广播电视播音主持》，上海：复旦大学出版社，2005年，第48页。

年巴西世界杯颁奖时,有"足球诗人"之称的著名体育解说员贺炜有一段精彩的解说令人回味。他说:"这届比赛阿根廷队厌烦了这种红颜薄命的故事,开始回归铁血精神……也许只有拿到大力神杯的那一刻,所有的隐忍和努力才有回报,但是他们现在就差一步,就如同那首著名的阿根廷作曲家谱写的探戈舞曲《一步之遥》一样……不过阿根廷队永远在无休止的朝着心中所爱前进,不断自我革新以求更接近自己的目标,这本身就很让人着迷,不是吗……祝贺德国人,我们也要为阿根廷人鼓掌。任何敢于放弃自我,敢于革新,为了心中的目标而改变自己的人,都值得尊敬。"(录自2014年巴西世界杯决赛后颁奖仪式的现场解说)贺炜的解说抓住了引发共情的要领——足球的本质源于热爱,成功的前提是为目标而奋进。他把足球和奋斗相联结,把歌词同体育精神相联结,阿根廷人虽然距离冠军仅"一步之遥",但精神可嘉,虽败犹荣。这是语言的艺术性体现,一段话就把足球及足球的精神内涵和盘托出,贺炜的语言功底可见一斑。

## 第三节 融媒体体育解说的优势

随着媒体技术的发展,融媒体可以说是集报纸、广播、电视的优势于一身,并且传播速度更快,范围更广。同时,加上移动技术与互联网的结合,更加有助于媒介的伴随性与视觉效果的融合,以及辅以互联网自身的交互性、个性化等特点,从而产生更强的用户黏性。在此语境下,体育解说势必较传统体育解说发挥出一定的优势。这种优势既保留了传统体育解说的精髓,又兼具网络传播本身的特点。

### 一、凸显交互性

在大众传播的语境下,由于单向传播模式的存在,观众很难参与到体育赛事或体育解说当中。尽管媒体以热线或来信的形式作为观众反馈的机制,但是"杯水车薪"的措施很难对观众的意见作出面面俱到的回复。随着互联网技术的发展,社交媒体的崛起,原本单向的传播模式被打破,用户实现了实时交流,使反馈机制真正在双向传播过程中体现了真谛。体育观众无需再耗时等待或等待无期的媒体回复,而是可以在直播平台、新闻推送平台、社交平台中以留言或者弹幕的形式积极地参与到比赛中去,与体育解说员进行实时互动。

北京时间 2020 年 8 月,在欧洲冠军杯的四分之一决赛中,德国的拜仁慕尼黑队与西班牙的巴塞罗那队进行强强对话。本以为是一场势均力敌的比赛,却成了拜仁对巴萨的"大屠杀"——拜仁 8:2 大胜对手。在比赛转播时,观众积极发表对比赛进程的看法。尤其是在比赛完全一边倒的情况下,观众的情绪出现了明显的变化——有对梅西的惋惜,对巴萨打法的质疑,对拜仁表现的赞赏等,有的甚至还和体育解说员探讨其战术。而在后续的新闻报道中,用户同样表现积极。例如在 PP 体育推送的名为《欧冠——拜仁 8:2 大胜巴萨晋级 4 强 穆勒库鸟双响莱万破门》的新闻中,用户积极以留言形式积极反馈,有 2427 条留言来发表对本场比赛的看法。有对本场比赛的总结性看法:"继安菲尔德奇迹之后,巴萨又创造了新的历史,在欧冠历史上留下了浓墨重彩的一笔,从此别名'拉菲队',加油,祝球王带领着拉菲队越走越远""拜仁:既然取消了两回合,劳资(老子)就把比分踢成两回合的样子";有对梅西表现的意见:"你们都忽视了一个问题,拜仁进了 9 个球,巴萨就苏亚雷斯进了一个。梅西?今天上场了吗??""哈哈哈,笑死人,连续 3 年世纪惨案,梅西真棒,该给一个 mvp";还有较为专业的战术性评论:"巴萨死于传控,明知道拜仁的高位逼抢凶狠,还按部就班地从后卫线发起进攻,不抢你抢谁?教练在防守和进攻上一点针对性的部署都看不到,跟着拜仁的节奏跑了 90 分钟。"

此一例就可以看出,互联网的交互性特点释放了用户的感知、情绪、态度,使其能够第一时间把所思所想表达出来。交互性架起体育赛事与观众之间的关系,观众从被动观看转向积极参与,可以说,这是媒介技术的赋能，显示了融媒体体育解说的一大优势。

## 二、提升语言灵活度

体育赛事转播是媒介构建的一种拟态环境。为了使媒介传达赛事现场的信息更加准确，体育解说员需要通过语言作为解读拟态环境的手段，来联结与观众的关系，满足其对比赛信息接收的需求。可以说，体育解说是有声语言传播的艺术，解说员通过对"情感""声音""气息"的配合与控制来达到解说时的抑扬顿挫、轻重缓急，从而营造和烘托气氛，使观众感同身受，有身临其境之感。但在大众传播时代，因受到媒体体制和传播特点自身的局限，体育解说员虽然尽力尝试和体现语言的个性化，但总体来说语言灵活度较弱。而进入互联网时代，随着议程设置权的下放，媒介中心主义被打破，信息传播者和接收者的界限日趋模糊。随着媒介准入门槛的降低，各种身份背景的体育解说员开始大批量进入体育解说界，释放出该领域在语言层面的活力。

例如新生代体育解说员苗霖，被誉为"评书体育解说"第一人。由于他有先后师从刘延广和单田芳学习评书的经历，所以他把评书的风格运用到足球解说当中，不仅增强了解说的可听性，更凸显了语言上的别具一格。在比赛中，他经常即兴作诗、口吐莲花。当迪巴拉为尤文图斯直接任意球破门时，他即兴赋诗一首："小迪开花火飘零，荡尽红尘鬼神惊。落雁平沙乾坤破，斑马岁月任我行。"当克里斯蒂亚诺·罗纳尔多一记力压对方后卫头球破门时，苗霖解说道："我的天呐，这个弹跳，这个制空。天神下凡飞烈燕，一剑封喉喷龙泉。谁说C罗火三年，鹰击长空气冲天！"这样的解说打破了曾经在足球解说当中出现进球时解说员高喊"球进了"的单调，而且"进球诗"合辙押韵，既体现了苗霖深厚的文学素养和功底，更显示出融媒体体育解说员语言的高度灵活。

当然，除去苗霖的评述式解说，还有双人解说中采用诙谐幽默似相声一样的语言风格。这里不得不说到篮球解说员柯凡与马健的组合。柯凡幽默，马健专业，二人配合默契，让观众既有身在球场之感，又有如临堂会之觉。例如在一场比赛中，聊到史蒂文森比赛时手腕受伤了，二人这样解说：

柯　　凡：史蒂文森上篮，漂亮！但是被雷霆队员撞倒了。哎？我们看，好像是伤了手腕。
　　　　　　哦，不是，好像伤了关键部位。咔咔两声。
马　　健：怎么你都能听见咔咔两声？
柯　　凡：嗯，一看到关键部位受伤，我都能想到厨房，咔咔两声，就出了一个荷包蛋。
马　　健：柯凡你是饿了吧？

两人在解说中还经常互侃。

柯　　凡：小牛队这才是突、投结合，要么怎么说打篮球秃头多呢，马指导打球就秃头多。
马　　健：谢谢啊，你看过我打球么？
柯　　凡：那时候我还小。
马　　健：那时候我也小。

灵活的语言风格，浑然一体的默契配合，带走了观众收看比赛的困顿，带来了收看比赛的欢乐。所以说，"要成功地讲解一场体育比赛，一个重要的前提在于解说员与现场嘉宾之间沟通得很好，相互补充，整个过程如高山飞瀑，酣畅淋漓"。①

### 三、释放用户选择性

信息接收者作为传播链条上的重要部件和传播学研究的关键组成，伴随着技术的发展，在传播过程中的地位越来越重要。在大众传播时代，信

---

① 张德胜、武学军主编：《体育解说评论》，武汉：华中科技大学出版社，2018年，第185页。

息接收者往往被成为受众，意为接收信息的群体。这一词语的表述只是涵盖了其多、杂、散、匿的特点，而没有体现出受众的主动性、参与性、互动性等。诚然，大众传播时代虽然在内容生产时考虑到受众的需求，例如频道和频率的专业化，以及栏目设置针对目标受众等，但因受其线性传播的局限，受众并没有过多选择的空间。进入互联网时代，被动的受众逐渐转为积极参与的用户。用户脱胎于曾经受众的概念和特征，但又因网络传播的特点而嵌入了更多的自主性和选择性。

在体育解说领域，随着媒介融合的深化，用户的选择性在增强。这主要体现在两个方面。第一是用户可以选择自己喜欢的赛事进行观看。大众传播时代，赛事按照媒体的线性安排进行转播。纵然有些观众在某时间段想收看某些比赛，也可能由于媒体没有安排而失望。还有的情况是观众由于体育资源的限制而没有办法收看一些比赛。例如进行赛事转播的电视频道有限，除了中央电视台体育频道，还有一些省级体育频道像北京体育、陕西体育、广州体育、上海五星体育、山东体育等外，这些频道资源很难满足观众的需要。融媒体时代，这个问题迎刃而解。例如在腾讯体育、企鹅体育、PP体育等平台拥有独立的赛事版权，网络的众多体育赛事资源让用户可以随时观看比赛，如果错过比赛时间还可以回看复盘。另外，在同一时间段，用户还可以选择不同比赛进行收看。

第二是同一场比赛用户可以选择自己喜欢的解说风格。如前文所述，大众传播时代的体育解说无论从形象呈现、语言表达等层面的风格较为单一，在一定程度上也限制了观众的选择。在融媒体时代，作为信息传播的大众媒体的"风头"逐渐被作为平台供给的网络媒体压过，个性化的网络传播特征也赋予了体育解说员的个性化展示。同样一场比赛，在语言类别中，用户可以选择普通话、粤语、东北话、天津话等；在体育解说员的个人形象层面，用户可以对性别、声音、着装等进行选择。总体而言，融媒体体育解说不但赋予了体育解说更多个性化的内涵，同时也让用户拥有了一定自由选择的余地。

### 四、助力"草根解说"

大众传播时代,体育解说是专业体育解说员的任务,民众若想参与解说,只能参加选拔进入专业队伍从而实现解说梦想。中央电视台在1997年与CUBA共同举办"中国大学生篮球联赛主持人大赛",可以说拉开了电视体育解说员选拔的序幕。此后又陆续举办"雪碧杯NBA篮球解说员大赛"(1999),众所周知的篮球解说员于嘉脱颖而出;"可口可乐杯全国体育解说员大赛"(2000),洪刚、杨健等人初显矛头;"谁将解说北京奥运"(2004),张萌萌夺魁,李然和邵圣懿分获二三名;"谁将主持北京奥运"(2006),为北京奥运会贮备解说人才;"一起说奥运"(2017),为喜欢体育解说的人敞开大门。此外,地方电视台也积极开办比赛,例如山东电视台为2012年伦敦奥运会贮备解说人才而举办的"谁来参与伦敦奥运电视体育主持人评论员大赛"等。但这种选拔性的比赛数量不多,加上规模参差不齐,所以能够从应届高校毕业生或社会人员中脱颖而出的人毕竟是少数,大多数喜爱体育解说的人只能望其项背。

在融媒体时代,网络平台的选拔和用人机制很好地弥补了传统媒体的不足,只要对体育解说感兴趣的人都可以尝试在线上进行实践。例如2018年PP体育举办的"足球解说大会";2018年CYEC英雄联盟校园解说大赛;2019年英雄联盟校园解说大赛;2020年HMA虎牙手游电竞大赛解说竞演等。同时网络平台用人机制更加灵活,准入门槛较低,所以能够参与体育解说的人越来越多。例如2016年企鹅体育的招募令:

> 是时候了,让我们一起成为企鹅直播的解说员吧!
>
> 企鹅直播,是一家致力于规范和推广体育直播的垂直门户弹幕平台。现在,我们已经拥有了大量的版权赛事——除了火爆的NBA与NCAA以外,还汇集了人气火爆的欧冠、英超等顶级足球赛事,海量赛事可任君挑选。那么,为了让更多观众和体育迷,能够感受到体育的魅力,和完美的观赛体验,企鹅直播现面向全网,大

量招募网络体育解说员，不设置任何高门槛，只要你喜欢体育，熟知你所擅长的体育项目，就赶快来吧！①

从这则招募令非常清晰地看出网络平台对体育解说员身份背景面向较大众传播时代发生了明显变化，除了专业人士外，把"观众"和"体育迷"也纳入招募行列。同时"不设置任何高门槛"，就意味着对体育解说员的语言、形象、专业等素质的降低，而突出了"喜欢体育"这一对体育解说员的核心动机。所以说，从旁观到参与再到"卷入"，"草根解说"既是一个伴随着互联网技术兴起的新群体，又对传统的专业性体育解说形成有力的补充。

## 第四节 融媒体时代体育解说员的角色定位

上面提及，融媒体体育解说的种种优势，突出功能集合性、多中心、交互性的媒介技术破除了电子媒介的"神话"，重新归回交流"在场"的状态。也就是说，重回"部落化"的体育赛事，更加明显地释放出仪式性文化的特征。美国学者梅斯纳、邓肯和杨森认为，"体育赛事转播是由媒介进行建构的。建构它的核心人物是解说员和技术人员"。② 由于在赛事转播中体育解说员处在核心位置，所以他们要带领观众完成体育仪式的全过程，要协调拟态环境下媒介体育文本与观众的关系，同时还要成为体育文化在观众中实现共享的连接者。所以在这种背景下，体育解说员的角色不仅仅是魏伟所认为的"把关人""意见领袖""议程设置者"和"涵化者"，还应该在更加宏观的文化背景和媒介仪式中去探寻。

---

① 企鹅直播体育赛事解说员招募啦！http://www.qie.tv/cms/gong/201604/12/3302.shtml.

② 魏伟：《体育解说论》，北京：中国广播电视出版社，2013年，第2页。

## 一、体育媒介仪式的引领者

媒介仪式挤占了观众日常收视的时间，并影响了其日常收视习惯。这就说明，受众在媒介构建的"阈限期"内注意力基本完全聚焦在重要事件中。戴扬和卡茨认为媒介事件不仅赋予集体记忆一种特质，而且还赋予它一个框架："它们是组织个人时间和历史时间的记忆代码。对于同代人的观众成员，媒介事件提供共同的参考要点，一个共同的过去的感觉，个人历史与集体历史之间的桥梁。"① 那么把其放置于体育赛事转播而言，在整个赛事进行中，无论是一场还是整个赛事期，受众要在媒介的引领下完成对仪式的朝觐，唤起集体记忆的同时，也把个人情感与集体情感紧密相连。而作为体育解说员，就像是现实仪式中的祭司、司仪等身份，引领受众，通过媒介创造的镜像，同现场观众一起为所支持的运动员或运动队伍加油鼓劲，幻想其能登上冠军领奖台。所以从这个角度而言，体育解说员在赛事转播的角色是媒介仪式的引领者。

2019年男篮世界杯在中国举行，而媒介把中国男篮塑造成为此次杯赛的"中心"具备了各种条件。一是中国是东道主，自然对中国球迷来讲，这是中国男篮实现历史性突破的最佳时机。二是此次出征的中国男篮阵容基本整齐，尽管周鹏和丁彦雨航因伤未能入选，但以易建联、周琦、王哲林组成的内线和以郭艾伦、赵继伟、赵睿组成的外线攻击群仍被寄予厚望。三是中国男篮职业化多年，如今取得了一定的成就，篮球运动及产业也在群众中扎根、生长，影响力愈加强大。四是中国媒体的赛事转播技术已见成熟并久经考验。种种原因综合在一起，媒介就把该赛事或中国男篮的出征塑造成这个时间段具有"社会中心"影响力的仪式，并带领受众见证仪式的到来、发展、高潮，甚至是"加冕"（中国男篮实现历史性突破）。

---

① [美]丹尼尔·戴扬、伊莱休·卡茨：《媒介事件：历史的现场直播》，麻争旗译，北京：北京广播学院出版社，2000年，第245-246页。

第一场比赛中国队对阵科特迪瓦队，赢下 15 分，整场比赛波澜不惊，仪式开启。第二场比赛中国队对阵波兰队，本有赢下的机会，但是因为关键时刻的连续发球失误导致惜败对手，仪式在发展过程中遇到阻力。中国球迷还能否跟随媒介继续信任国家队？体育解说员通过"年轻的代价""为年轻交学费""经验不足"等话语来解释失误及失败的原因，让中国球迷不要对国家队失去信心。毕竟，最后一战赢下还是能够小组出线，解说员引领仪式继续发展。第三场比赛中国队面对委内瑞拉队，必须背水一战。解说员用到"生死战"等词语来提示本次比赛对整个仪式的重要程度。但是整场比赛中国队明显信心不足，从开场到结束一直处于被动局面，最后以 13 分之差落败。这样的结果，中国球迷很可能中止媒介朝觐，仪式到此结束。简言之，媒介仪式建构失败。那么解说员必须扭转受众心理，用到"要自信、互信"等语句来提升受众的信心。接下来对韩国队的比赛不容有失，因为涉及进军明年东京奥运会的参赛资格。中央广播电视总台体育解说员杨健在整个比赛过程中用得最多的话语是"坚决""硬气""积极性""状态回来了"等话语重燃仪式的神圣感。在比赛第一节中，易建联完成了一次空中接力，慢镜头回放他的表情时，杨健说："从阿联彪悍的眼神看到了应有的坚决和硬气。"（录自 2019 年北京男篮世界杯中国队 VS 韩国队的体育解说）最终中国队在"坚决""硬气"中战胜韩国队，保留了进军东京的希望，同时也留住了观众的注意力，媒介仪式得以继续。

由此可见，体育解说员运用话语权，不断在比赛中进行能够提升中国队士气和激发中国球迷情绪的议程设置，来引领受众完成"媒介朝觐"。体育解说员对媒介仪式的建构于引领也许并不仅仅是基于信仰的力量，而是通过表演，以及把碎片化的信息拼接来使某种情感、观点更易于被受众接受，以解决埃米尔·迪尔凯姆提出的意义深远的问题——社会如何被整合，来强化社会秩序。媒介仪式是"围绕关键的，与媒介相关的类别和边界组织起来的形式化的行为，其表演表达了更广义的与媒介有关的价值，或暗示着与这种价值的联系"。①在2019男篮世界杯中有关东道主中国队的比赛，体育解说员串联媒介、球队、观众三者的关系，突出赛事的价值、球队及球员的形象。例如解说员多次提及易建联作为球队领袖的作用，以此引领观众进入到媒介话语体系中。所以说，体育解说员是体育媒介仪式的引领者。

### 二、体育文本重构的协调者

媒介建构的仪式通过媒介事件来实现，是事实进入一种短暂而带有一定强制性的"阈限期"。这个时期的特点是"由事实（事实作为存在）的陈述性定义向事实（事实作为可能或应该）虚拟性定义的转变"。②简言之，事实存在的仪式性事件通过媒介的拟态环境被重构了。而解说员要为重构的文本提供说明。戴扬和卡茨认为这种说明起到了润滑剂的作用。同理，在体育比赛中，通过媒介传播的赛事只是经过精心准备、筛选之后的碎片化连接处理，体育解说员要承担协调媒介叙事与受众之间的关系，为受众提供一种"在场"的补偿性语言。

2009年在德国田径世界锦标赛的100米"飞人"大战中，牙买加"闪电"尤塞因·博尔特跑出了9秒58的惊人成绩。著名体育解说员杨健一段激情的解说恰如其分地"补偿了"非在场观众的视觉体验。他说："9秒58！9秒58！博尔特再一次不可思议地创造了人类奇迹！……没有人知道博尔特用全力发挥会跑出什么样的状态！他真的是在飞！不是在跑！在柏林的苍穹下，博尔特在蓝色的跑道上飞了起来！闪电之翼划过了柏林夜空！"（录自2009年德国柏林田径世锦赛男子100米决赛的体育解说）在普通人的概

---

① [英]尼克·库尔德里：《媒介仪式：一种批判的视角》，崔玺译，北京：中国传媒大学出版社，2016年，第33页。
② [美]丹尼尔·戴扬、伊莱休·卡茨：《媒介事件：历史的现场直播》，麻争旗译，北京：北京广播学院出版社，2000年，第119页。

念中，通过电视观看100米赛跑的感觉就是"快"，而9秒58这个成绩是"快"的什么程度很难有切身体验。所以杨健在这段解说中，运用的核心字眼是"飞"。"飞"体现了两个层面：一个是速度层面，是"快"的高级展现；二是情感层面，"飞"代表了挑战人类奇迹的勇气和决心。因为"飞"，博尔特被世人瞩目；因为"飞"，博尔特被冠以"闪电"的威名。杨健选择了以"飞"为诠释基底，最后落脚点是"闪电之翼"，在受众头脑中映出了最直观的形象——"闪电"，由此帮助受众体验9秒58的速度。

杨健的这段补偿性解说语言充当了媒介文本与受众之间的协调者。张德胜、武学军等人也认为，"作为传播行为，体育解说承担着对电视体育图景的再度构拟与解读"。[①] 由此再深一步，甚至可以说，体育解说员提供的补偿性语言"完美"地架构起媒介与社会的关系。通过获得更好的对媒介体育文本的生产方式以及它们具有什么意义的认知和理解，有可能更好地理解社会——"该社会中'现实的'（grounded）和'媒介化的'（mediated）体验以前所未有的狡诈以及看似无缝的方式进行了相互结合"。[②] 体育解说员在其中处于重要的位置。他们既可以通过媒介去解读体育比赛（社会现实），又可以把体育比赛进行加工后拓展受众观看比赛的想象空间，为受众在拟态环境下观看比赛提供了指引，同时巩固了赛事这个在"阈限期"时的"社会中心"，以此帮助完成媒介体育的仪式。

## 三、体育文化共享的推动者

文化或某一种文化通过媒介传播，亦或是形成媒介仪式进行传达，受众从而进行解读、沟通、理解，在充分尊重不同文化价值之间的差异，也

---

[①] 张德胜、武学军主编：《体育解说评论》，武汉：华中科技大学出版社，2018年，第98页。

[②] ［英］大卫·罗：《体育、文化与媒介，不羁的三位一体（第2版）》，吕鹏译，北京：清华大学出版社，2013年，第42页。

就是价值认异的同时,找到其中的认同点,达成共识,从而可能形成文化或某一种文化的共同体。具体到体育传播中来,"体育无国界"在很大程度上指的是体育文化的共享。体育文化与媒介连接,通过媒介体育仪式的构建使不同地区、国家、文化背景的受众实现沟通交流,最终形成体育文化的共同体。在其中,体育解说员肩负着推动体育文化共享的任务,如何把体育文化、体育精神等跨越国家或地区的狭隘性上升到全球层面,是一个重要的课题。

奥林匹克运动作为国际体育最为重要的赛事,是凝聚世界各国人民的盛会,更是世界不同文明交流互鉴的平台。体育解说员需要提炼世界各地区、国家、民族等不同文化的共有意义空间,秉持互相尊重、求同存异的态度,为形成重要的体育文化价值共识努力。白岩松在2016年巴西里约热内卢举办的奥运会开幕式上的解说堪称经典,充分体现了体育文化共同体构建者的形象。例如白岩松说道:

> 现场通告大家,女士们先生们,奥运运动员也将在这里种下巴西当地的树种,一万两千个种子将在这片土壤上被播种,运动员们种出来的森林将会为里约留下一笔宝贵的财产。这些产自巴西本土的树木的种子将会统一种植到德奥多罗奥林匹克公园的寂静公园中,一万一千粒种子由二百零七个品种构成象征着来自二百零七个国家地区和代表团的一万一千个运动员,这是奥运后留给里约的重要遗产。所有的运动员将带着种子来,这是里约奥运开幕式的一个独创。(录自2016年巴西里约奥运会开幕式的体育解说)

白岩松用数字"一万一千个运动员""两百零七个国家""两百零七个品种"在凝聚一种共识——体育不仅是竞技和成绩,更是人与自然和谐相处的意义,这适用于所有国家和地区。由此,把体育文化的内涵上升到绿色、平等、和谐的高度与世界人民共享。

在全球化时代随着国际性赛事的日益增加，世界各国或地区各具特色的体育文化不断越出国界进行碰撞与激荡。在这样的形势下，各国或地区的体育文化是走向冲突还是合作，已经成为当前重要的议题。例如塞缪尔·亨廷顿的"文明冲突论"是为美国在冷战后寻求霸权寻求新的理论支点而受到学界诟病。合则两利，斗则两伤，体育文化共同体倡导"合"，强调多元价值，摒弃一元体育哲学论，"美美与共"才能"天下大同"。所以在赛事中，尤其是国际性赛事，体育解说员承担推动体育文化共享的任务是一种高级的使命，不仅仅引领观众观看欣赏比赛，更应该成为促进人的全面发展理念的传播者。无论是以儒家和道家文化为基线发展起来的中国传统体育文化，还是围绕现代资本主义发展构建起的现代西方体育文化，都是在强调人的主体价值下形成的体育生态系统。所以体育解说员在赛事中要充分提炼体育精神的价值。

例如2019年男篮世界杯中，阿根廷篮球运动员路易·斯科拉已经39岁了，在篮球赛场已然是高龄球员了。但他在场上依然奋力拼搏，篮下要位，冲抢篮板，于嘉用"廉颇老矣，尚能饭否"和"老而弥坚"来形容他和他所体现出的体育精神。斯科拉身上体现出了篮球精神和体育文化——热爱、执著、奋进。这是超越国界的文化，是喜爱篮球的人们的共同信仰。体育解说员于嘉敏锐地抓住了这个细节，用恰当的词语不仅引发了球迷们的集体回忆，折射出的篮球精神，提升了受众的认可度，以此激励世界上所有爱好篮球的人，更以此助力构建篮球文化与精神的共享，也可以说是媒介仪式"隐喻"下的作用。

## 第五节 融媒体时代对体育解说员的素质要求

不管媒介技术如何发展，互联网的准入门槛如何降低，体育解说员身份如何多元，对体育解说员的素质要求只会越来越高。大众传播时代对体育解说员的素质要求应该说是一笔宝贵的财富,在融媒体时代不仅适用,而且还是对体育解说进行伦理规范的重申。在这里再谈体育解说员的素质要求绝非老生常谈,而是强调、尊重与坚守。

### 一、政治素质

体育解说员是新闻媒体的从业人员,首先要具备的就是清醒的政治头脑和过硬的政治素质。这种政治素质包括了理论素质、社会责任感、工作热情等。曾经担任过我国新华社社长的吴冷西同志曾经说过:"体育宣传不但会促进我们水平的提高,而且对改变整个社会风气,都有重要的作用。"电视体育解说员,是体育的宣传者,除了要宣传体育比赛的画面内容,更要宣传体育精神。体育精神,是伴随着那些运动员在赛场上所体现的,是沉着冷静、积极乐观、坚持不懈、勇往直前、敢于拼搏的综合体。体育解说员的解说,要把这种体育精神传达给观众,提升观众的精神世界,让观众看比赛的同时,也帮助他们树立正确的人生观、价值观和世界观。这就需要体育解说员有过硬的政治素质作为支撑。"体育解说员要有过硬的政治素质,及时抓住比赛中的闪光点,升华为崇高的精神力量,使之感染观众"。[①]比如在奥运会比赛中,奥运会宣传的是"更高、更快、更强、更团结"的精神,"刀锋战士"皮斯托瑞斯身残志坚,用他能征服全世界的表现证明了什么是伟大,什么是一颗冠军的心。体育解说员把皮斯托瑞斯的顽强拼搏的精神宣传出来,就有助于观众在观看比赛的同时,内心受到精神力量的触动和感召。

在体育走向产业化的今天,体育精神的内涵也发生了变化,但是不管怎么变变,体育解说员也必须用政治眼光看问题,提升政治素质和政治品位,从政治的高度去理解体育,理解体育精神,积极地弘扬体育精神,我

---

① 蔡宝家:《关于体育解说员的素质研究》,《广州体育学院学报》,2005 第 6 期,第 119 页。

们的解说事业才能立于不败之地。宋世雄老师在汇报亚特兰大奥运会的转播工作时说："中央电视台奥运会报道组的同志们在本届奥运会的报道中，坚持认真全面贯彻党中央、国务院和广电部、体委领导的指示精神，牢牢地把握了'以我为主，规模适度'的宣传方针，准确把握宣传口径，突出报道我国奥运健儿取得的优异成绩，宣扬了他们的积极奉献、勇于拼搏的精神面貌；同时也兼顾了其他第三世界国家，报道了广大群众关心的世界体育最高水平的比赛。"[1]一场比赛或者一项赛事，体育解说员必须要坚持客观公正报道和解说，把政治素质作为一条红线，不能越雷池半步，避免失语、失态等现象发生。

## 二、应变能力

体育解说是即兴口语表达的过程，而即兴口语表达的特点之一就是"现想现说"。即兴口语表达受到环境等因素的制约，在与受众交流时，不断吸收新的信息，其对说话人不断产生刺激，说话人要把握时机，对新的信息立刻进行判断，然后给出反馈。可以看出，即兴口语表达是敏捷的思维运动过程。电视体育解说亦是如此，比赛过程瞬息万变，不断发生着新的情况，有的甚至超出了解说员的预料，这就需要我们的解说员对比赛的实际情况立刻做出应变，判断形势，给出准确的意见，引起观众的共鸣。宋世雄老师为了提高自己的应变能力，他是这样训练自己的：

> 有时我看一幅画，便把画中的风景或人物形容一番；我读一首诗，也把诗的意境吟诵一遍；有时候一个人在空荡荡的屋子里练习演讲；有时候到公园去给一群小朋友讲故事。这样做，训练了我立意构思、布局谋篇以及遣词造句的能力。我在街头路口，心里头就"默播"一

---

[1] 宋世雄：《宋世雄自述——我的体育世界与荧屏春秋》，北京：作家出版社，1997年，第194页。

番街道上的情景。这是一种逻辑思维能力的培养，也是一种形象思维的灵活训练。①

一名体育解说员的应变能力还体现在对比赛细节的捕捉上。俗话说，细节决定成败。电视体育解说员在纵览全局的基础上，要及时捕捉比赛的重要时刻，对典型运动员、典型事件做出及时、准确的解说和评论。比如1998年美国职业篮球比赛（NBA）的总决赛第六场中，NBC的解说员对乔丹的最后一投做出了非常精彩的解说，他说："As he get Bryon Russell,with a quick crossover–look at Bryon Russell,slips,and michael pulls up and there is a shot to give them a 1 point lead..."翻译过来就是"他面对拜伦拉塞尔的时候，一个飞快的变向——你看来塞尔滑到了，迈克尔高高跳起，然后他们1分反超。"解说话语中的"飞快的变向""高高跃起"等都是对细节的捕捉，抓住了扣人心弦的场面，见证了"篮球之神"乔丹伟大的时刻，引发了观众的共鸣。

### 三、知识结构

体育解说是一门综合艺术，体育解说员不仅仅需要掌握必备的体育知识，还要具备很高的文化修养。

从新闻传播学的角度看，电视媒介属于大众传播，"所谓大众传播，就是专业化的媒介组织运用先进的传播技术和产业化手段，以社会上一般大众为对象而进行的大规模的信息生产和传播活动"。②电视体育解说员就是传达比赛信息的传播者，传播的对象也就是受众是庞大的、广泛的。在赖特的关于大众传播的"四功能说"中，其中一种功能就是"解释与规定"，可以看出，电视体育解说员对体育新闻信息的掌握、选择、解释和评论，以及其传播体育新闻信息是否正确，会给社会带来正面或者负面的效应。

---

① 宋世雄：《宋世雄自述——我的体育世界与荧屏春秋》，北京：作家出版社，1997年，第297页。

② 郭庆光：《传播学教程》，北京：中国人民大学出版社，2011年，第99页。

所以电视体育解说员必须掌握好新闻传播学的知识，把握好传播者的角色，使体育赛事信息准确无误地传播给观众。

从语言学角度看，语言学的研究对象是语言，语言的功能有两个：一是人类最重要的交际工具，二是人类最重要的思维工具。作为电视体育解说员，就是通过语言对客观的比赛作出准确清晰的介绍或者说明，通过语言架起比赛现场和观众之间的桥梁。解说要说得清楚，说得明白，解说员要明白"为什么解说""解说什么"和"怎么解说"。"为什么解说"是说解说员解说比赛的目的，目的是通过语言准确传播比赛信息；"解说什么"是说解说员在解说时所说的内容，解说员要以诚信为本，保证解说的内容真实、可信、科学、准确；"怎么解说"是说解说员通过什么样的语言风格和形式来解说，是富有幽默型的，还是充满激情型的。中央电视台著名解说员和评论员张斌在2004年雅典奥运会110米栏比赛刘翔夺冠后这样说：

> 我有一个小小的建议，我建议今天在电视机前所有的观众，您能拿出宝贵的13秒钟吗？如果你有的话，如果你有的话，尝试着奔跑一下，体会一下奔跑13秒的快乐。也许您的奔跑并不快，但是让我们共同分享一下刘翔在那13秒钟的精彩瞬间。[1]

以上是张斌三言两语的点评，紧扣新闻信息，切中要点，亲切灵活，更是以平易近人的语言色彩拉近和观众的距离，取得了不错的效果。

从播音主持艺术角度来看，作为一名体育解说员要普通话标准，吐字清晰，口齿伶俐，气息扎实，声音圆润。声音是内心世界的外在表现形式，作为电视体育解说员，能否把自己看到的、听到的用声音表现出来，而且还能让观众们听得懂，就显得至关重要。"对于那些用收音机收听体育比赛的听众来说，解说员口齿伶俐、吐字发声清晰且圆润尤为重要。嘴里含糊其辞是不行的，不仅得把赛事讲解清楚明白，引人入胜，扣人心弦，而

---

[1] 吴郁：《当代广播电视播音主持》，上海：复旦大学出版社，2005年，第170页。

且应当使声音优美，腔调悦耳，让听众津津有味地收听你的体育转播，感觉就像看到比赛一样。这需要高超的是艺术技巧，也不是一天两天就可以做到的"。① 冰冻三尺，非一日之寒，体育解说员应当肯下功夫、下苦功夫练习，让体育解说的艺术之美用美妙的声音传达出来给观众，让观众更便捷、更舒服地享受视听盛宴带来的无限魅力。

从体育学的角度看，体育比赛是一门实践与理论结合非常密切的学科。体育项目种类繁多，每一项体育比赛也有自己不同的规则和特点。电视体育解说员必须走"专家化之路"才能使体育解说专业化。电视体育解说员必须做到：第一，深入了解所解说项目的比赛规则以及裁判判罚的手势或者旗语，第二，对技战术的专业术语要表达准确，比如足球比赛中什么是"越位"，乒乓球比赛中什么是"弧圈球"等都要了如指掌。第三，及时了解所解说项目领域的最新动态，比如是否出台了新规则。第四，深入接触运动员或者运动队伍，了解运动项目的训练方法和运动过程。第五，了解一些运动医学、运动生理学的知识。比如运动员在场上受伤，电视体育解说员要对运动员的伤势或者伤势是否影响比赛做出最初的判断。综上所述，要成为一名合格的体育解说员，必须对所解说项目的体育专业知识熟之又熟、懂之又懂。

从运动心理学的角度看，首先，体育解说员应懂得在适当的时候，针对不同运动项目特点，把握好解说的时机。比如在进行举重、台球或者射击比赛时，运动员要求一个相对安静的环境做心理调整或者进行思考，这时候解说员需要调低自己的音调，不能大声激情呐喊，只是在比赛间歇或者每个球结束时进行解说或者点评。而在解说足球、篮球、排球、拳击等对抗性强的比赛时，就需要体育解说员调高音调，向观众提供他们所需要的内容的同时，引导、激发观众的热情。其次，体育解说员要对比赛中的运动员的心理状况做出一个大致的判断。体育比赛情况瞬息万变，运动员

---

① 宋世雄：《宋世雄自述——我的体育世界与荧屏春秋》，北京：作家出版社，1997年，第 295 页。

的心理也会随着面目表情、肢体语言而显露出来。比如射击比赛，每一枪都有可能左右比赛的结果。每一枪打完，有的运动员表情镇定，有的运动员轻轻摇头，这都体现了运动员的心理特征。这时候解说员需要抓住运动员的心理特点，来对比赛的未来走向做出判断。

### 四、敬业精神

中华民族历来有"忠于职守""敬业奉献"的传统，敬业是中国人民的传统美德。北宋程颐说："所谓敬者，主之一谓敬；所谓一者，无适之谓一。"说的就是心不外向，踏实工作，敬业奉献。俗话说："热爱是最好的老师。"对体育解说事业的执着和热爱是作为一名合格体育解说员的前提。在解说中，投入到忘我的精神境界中，对解说精益求精，追求崇高的理想。我国历经几代体育解说员，有着强烈敬业精神的不胜枚举。宋世雄老师在一次世界杯比赛转播中，为了保证解说的质量和声音状态，每天早晨起来用开水烫嗓子。他说只有用开水烫，嗓子才能张开，才能发声。这是何等的敬业精神！这只是宋老师敬业精神体现的冰山一角。也正是由于几十年如一日的忘我工作，宋老师获得1995年最佳国际广播电视体育主持人奖，成为第一位获此殊荣的中国人。他在自己的自述中有一篇《鞠躬尽瘁 死而后已》的文章，最后一段这样写道：

> 现在我的甲亢是完全痊愈了，我的身体状况比前些年还要好一些。但年岁不饶人，我毕竟是逼近花甲的人了，我在第一线工作的时间不长了，所以我感到时间紧迫，来日无多。我要更努力地工作，为了祖国的体育实况转播事业的更加兴旺发达，贡献最大的力量。为了国家和人民的利益，鞠躬尽瘁，死而后已。[1]

---

[1] 宋世雄：《宋世雄自述——我的体育世界与荧屏春秋》，北京：作家出版社，1997年，第284页。

正是这种"鞠躬尽瘁，死而后已"的敬业精神，激励了一代代体育解说员，为了体育解说事业做出了毕生的贡献。

### 五、心理素质

心理素质对一个人能否发挥自己的潜能有着至关重要的作用。对于电视体育解说员，是否有着过硬的心理素质直接关系到解说的成败。

首先，体育解说员对赛场上的突发事件要沉着冷静，切勿不知所措。"谁也说不好比赛中会发生什么"，这是许多运动员在接受采访时经常用到的一句话。比如2012年伦敦奥运会刘翔的110米栏比赛，也许赛前解说员们准备了大量的关于刘翔的比赛资料、赛前身体情况和竞技状态的分析，但是谁也未想到刘翔在比赛中打栏摔倒在地，更是谁也不会想到刘翔用顽强的毅力单腿跳到终点完成比赛。这一幕，出乎世界的预料。这时候就需要我们的电视体育解说员能够沉着应对这突发情况，不能看到自己事先准备的材料不能用而慌乱无神。

其次，体育解说员要有很好地自我情绪控制能力。一名优秀的体育解说员可以富有激情，但还要不失理智。2006年黄健翔在解说意大利同澳大利亚的比赛时的"疯狂解说"，很多球迷对其滥用话语权十分不满。虽然黄健翔就此做出了道歉，但是将国家媒体当做自我情绪宣泄的平台，在任何国家都是明令禁止的。体育解说是为大众服务的，解说的职责就是客观、公正、真实地反映比赛，而不能把自我情绪过度地甚至毫无理由地发泄，不能越雷池半步。

### 六、团队协作

当今社会，人们之间的相互依存程度越来越高。想要获得成功，"个人英雄主义"几乎是无法办到的，必须通过团队协作，集思广益，调动团队所有人的智慧和力量。体育赛事的转播是一个需要团队高度协作的工种，体育解说员、摄像、编导、制片人、文字编辑等，缺一不可。而团队精神也如同催化剂,保证了各项体育转播工作的顺利完成。因为电视体育解说员是体育赛事的传播者,无论是团队里哪个环节出现了配合上的失误,都有可能给解说员带来非议,甚至是给体育赛事转播带来不可估量的严重后果。

魏伟教授曾在《体育解说教程》中提到一个很经典的事例:"2009年3月24日,上海五星体育频道解说员唐蒙与解说顾问刘越在转播中超比赛前,频道信号提前切给某专业网站,两人之间的对话被公诸于众,其中有大量不利于上海申花队与球队老板的言论,引起舆论哗然,被称为新一轮'解说门事件'。究其原因,尽管解说团队并非毫无责任,但电视台与网站之间的协调出现问题显然是导致这一事件的直接原因。电台电视台是一个相互依存、高度协作的群体部门,服饰、化妆、摄像、音频乃至协调等各部门中的任意一个环节出现了问题,作为'门面'的节目主持人和解说员就会备受非议"。[1]

由此可以看出,体育赛事转播是否成功,各个部门的配合是关键要素之一。由于体育解说员是传播者,他在荧屏上出现,就是代表着一档节目、一个频道甚至是整个媒体的形象,他的服饰、着装、表情、言语会很直观地让观众接受,被观众"内化"后会产生反馈的信息,这个反馈的信息就是对体育解说员、赛事转播工作的评价和接受力,甚至会影响到该赛事转播的收视率。一档体育节目或者一项体育赛事转播如果长期不注意各部门协作,使体育解说员在荧屏前"丢丑",那么只会导致观众的辛辣嘲讽和大量流失。

---

[1] 魏伟:《体育解说教程》,北京:人民体育出版社,2012年,第60页。

# 第二章　融媒体体育解说的基本方法

　　俗话说，无规矩不成方圆。体育解说既是传播赛事实时信息、深入评论和渲染气氛的方式，又是一门语言艺术，所以不能随心所欲、信口开河。这就要求体育解说员在解说前必须做好充分准备，解说中服从相关原则，在赛后要及时做好总结，就像讲故事一样，开头、发展、高潮和结尾要样样齐全，才能解说好一场比赛。尽管随着传媒技术的发展，融媒体体育解说较传统体育解说产生了些许差异，但在体育解说的基本方法上，还应把传统的基本规律作为基石，在此基础上顺应传媒技术的应用特点而呈现出变化。

## 第一节 体育解说前的准备工作

工欲善其事，必先利其器，体育解说员要不打无准备之仗。赛前的准备既是解说成功的保证，又是对观众负责的体现。所以，在正式进行比赛解说前，对于声音的调试，赛事信息、运动员信息、媒体相关报道，相关数据的搜集、整理、分析，以及对比赛看点的推测等进行准备，显得必要而关键。

### 一、声音训练

声音运用是体育播音的基础，也是体育解说员赛前必须储备的一项基本能力。正所谓，没有声音，再好的比赛也传达不出来。ABC 的著名大学生橄榄球比赛解说员凯瑟·杰克逊认为好的声音就像是"美味的威士忌酒"。由此看出，声音对体育解说员的重要。好嗓子是声音训练的基石，但如果基础条件稍差也不必过分纠结，只要能够达到"舒服"的程度即可。正如科斯塔斯说"不要过分执着于训练你的嗓音，因为那样会使你听起来娇柔造作。没有比这更糟了。拥有一个独特深沉的嗓音是件值得骄傲的事情，但更重要的是听众在听你说话时是否感到舒服。如果你试图伪装出一个不属于你的声音，这只会让他们感到不快"。[1] 迷恋声音的好听与否只会陷入"播音腔"的误区中。所以声音是解说好比赛的手段，而不是目的。

把声音训练作为体育解说准备的起点，除了用声舒服外，吐字规范、口齿清晰、对象感明确、语气到位、节奏把握等也是声音训练的重要组成。首先，吐字归音是播音主持艺术专业学生的基础素质，一口流利标准的普通话是其进入媒体前的"敲门砖"。在体育解说领域，除了普通话外，清

---

[1] [美]汤姆·海德里克：《体育播音艺术——如何建立成功的职业生涯》，任悦、王群等译，北京：中国广播电视出版社，2008 年，第 5 页。

晰的口齿同样重要。试想，在快节奏的比赛中，经常"吃字"或说话含混不清的解说员除无法正确传达有效信息给观众，还容易出现歧义。其次，对象感要明确。对象感是播音员、主持人在话筒前的一种心理技巧，在播音时要做到"心中有人"。在体育解说中，体育解说员不是说给自己听，而是说给广大观众听。所以解说员要设置对象，要有"对谁说"的意识，要有和观众沟通、交流的感觉。美国资深体育解说员、评论员科特·高迪曾说"我装作我和一个朋友坐在长凳上交谈着，或是我正告诉身在怀俄明州正在厨房里准备晚饭的母亲发生了什么……我总是希望我能听起来像是于球赛中享受乐趣的同时在和我一位亲密的挚友交谈"。[1]第三，语气在一定的具体思想感情支配下的具体语句的声音形式。语境不同，语气不同。在体育解说中，体育解说员应根据赛场具体情况不同，语气运用的火候、分寸也会不同。第四，是节奏的把握。节奏是是指播音中有声语言的运动形式。根据全篇稿件的语言内容和播音员思想感情的起伏所造成的抑扬顿挫、轻重缓急的声音形式的循环往复。在体育解说中，节奏的变化是解决枯燥解说的重要办法。一些解说员解说比赛时节奏平平，有的节奏单一，甚至有的一味高声呐喊。解决此类问题，体育解说员一定要根据因赛事场景、赛事类型、赛事规模和赛事进行过程中的具体情况来确定节奏。

  经过上述对声音的训练，为表情达意做好了储备。但由于体育解说的工作压力大，还要对发声器官包括动力器官（呼吸系统）、振动器官（声带）、共鸣器官（鼻、口、咽、喉、胸腔等）及构音器官（唇、齿、舌、腭等）等进行保护。第一要科学用声，保证胸腹联合式呼吸法，经常进行放松喉部的练习等。第二要保证好的生活和饮食习惯。作息规律、戒烟酒、少辛辣冰冷食物刺激等。第三要加强锻炼。常进行体育运动，增强肺活量，提高免疫力，对嗓音保护提供保障。

---

[1] [美]汤姆·海德里克：《体育播音艺术——如何建立成功的职业生涯》，任悦、王群等译，北京：中国广播电视出版社，2008年，第14页。

## 二、媒体相关报道

变动产生新闻，新闻是新近发生或者正在发生的事实的报道。准确地提供信息，是新闻媒介的功能之一。只有信息准确、可靠，才能保证媒体或者主持人的公信力。"传媒的公信力主要通过三个方面形成：第一，该传媒长期一贯地坚持报道的真实性、客观公正性；第二，信息来源与判断的权威性；第三，具有受众视角，富于社会责任感和人文关怀精神"[1]。在赛场上，变动每时每刻都在发生，也就是每时每刻都在发生新闻，这就需要体育解说员把有关赛事的新闻及时传播给观众，同时保证传播的信息真实可靠。这就需要体育解说员在赛前准备时搜集相关赛事报道，从中寻找有价值的信息以备解说之用。

例如，如果准备一场关于2019—2020赛季克利伯环球帆船赛的解说，需要搜寻和其相关的新闻报道。由于帆船比赛的体育赛事在转播中的比例较小，观众对其关注度有限，那么在解说时准备一些介绍该赛事背景的新闻资料很有必要。例如以下这则新闻：

### 2019—2020赛季克利伯环球帆船赛起航 "三亚号"开启卫冕之旅

新华社伦敦9月1日电 全球最具影响力和挑战性的业余航海赛事——2019—2020赛季克利伯环球帆船赛1日在伦敦起航，卫冕冠军"三亚号"携手连续8届参赛的"青岛号"和首次加入的"珠海号"，与其他8支赛队一起开启航程超过4万海里、为期一年的环球航行。本届赛事共经停全球15座城市，计划于明年2月抵达三亚。

这是该赛事自1996年创办以来第一次有3艘中国帆船同时参赛，3支中国船队共选拔出48位代表城市的大使船员参赛。

---

[1] 吴郁：《当代广播电视播音主持》，上海：复旦大学出版社，2005年，第164页。

起航仪式上,"三亚号"第一赛段的全体船员在船长苏马斯的带领下亮相。代表"三亚号"出征第一赛段的两位大使船员是高睿和白伟。苏马斯十分期待新赛季的环球挑战:"我现在非常有信心,因为船员们十分优秀。"

克利伯环球帆船赛创办人罗宾·诺克斯-约翰斯顿勉励他们:"相信你们一定能安全完成这段非凡的航程,这必将是终生难忘的记忆。"

上届赛事取得总成绩第三名的"青岛号"此次由32岁的英国人克里斯·布鲁克斯率领。谈到成绩预期,他表示,"青岛号"过去有着很好的成绩,"这次目标是前三名"。

今年23岁的"青岛号"船员郑毅将首次参加全部8个赛段的比赛。他表示,为此自己做了一年多的准备,但预计"身体和心灵上都将遇到不小的挑战"。

中国帆船帆板运动协会主席张小冬现场为中国赛队加油,她表示:"近年来帆船运动在国内迅速发展,本届克利伯环球帆船赛拥有青岛、珠海和三亚3支船队参加,参赛的中国船员人数也创下历史新高。上赛季'三亚号'成为首个获得总冠军的中国赛队,面向世界推广中国航海精神的同时,也将进一步激发民众参与帆船运动的热情。"

第一赛段包括两段,从伦敦起航后,经停葡萄牙波尔蒂芒休整后,穿过大西洋,抵达乌拉圭埃斯特角城。从伦敦到波尔蒂芒的航程为1175海里,经过比斯开湾,风向多变且最大风力超过30节。[1]

---

[1] https://www.sohu.com/a/338074255_267106?scm=&spm=smpc.fb-sailing-home.top-news-1.2.1598246744572t52r4qq.

从这则新闻资料可以获取这样的信息：克利伯环球帆船赛是1996年创办的具有国际影响力的业余帆船比赛，创始人名叫罗宾·诺克斯－约翰斯顿；上赛季的卫冕冠军是"三亚号"，第三名是"青岛号"，"珠海号"第一次参赛；这届赛事是第一次有3艘中国帆船同时参赛；第一赛段包括两段。这则新闻基本涵盖了克利伯环球帆船赛的背景资料和即将开始的这届赛事的基本信息。如果继续搜索，还将获得和该赛事相关的动态新闻，例如以下两则新闻：

**克利伯环球帆船赛公布南美洲非洲和大洋洲的三个停靠站**

克利伯2019—2020环球帆船赛将于9月1日从伦敦市中心的圣凯瑟琳码头起航，开启又一季11个月，40000海里的环球航行。

新赛季，700多位来自全球44个国家和地区的船员，他们或是完成全程，或是参加个别赛段，都将挑战自己身体和心理的极限。

赛事方也于近期确定了乌拉圭的埃斯特角城（Punta del Este）、南非的开普敦（Cape Town）、澳大利亚的惠森迪群岛（Whitsundays）为新赛季在南美洲、非洲和大洋洲的停靠站。①

**2019—2020赛季克利伯环球帆船赛剩余比赛将延期举行**

青岛日报/青岛观/青报网讯 鉴于新冠肺炎疫情已在全球范围内蔓延开来，2019—2020赛季克利伯环球帆船赛组委会日前决定，本赛季剩余比赛将延期举行。虽然在刚刚结束的第九赛程比赛中，"青岛号"仅在11支赛队中位列第十，但由于此前在总积分榜上领先第二名

---

① https://www.sohu.com/a/314267151_114977?scm=&spm=smpc.fb-sailing-home.top-news-1.3.1598246744572t52r4qq.

20分,所以"青岛号"仍暂居榜首。

据了解,2019—2020赛季克利伯环球帆船赛的剩余比赛估计要在10个月后重燃战火。根据原本的计划,3月21日,11支赛队将从菲律宾苏比克湾扬帆起航,驶向美国西雅图。然而受新冠肺炎疫情影响,西雅图日前宣布进入紧急状态,已不具备承接克利伯环球帆船赛的条件。此前,三亚站、珠海站、青岛站活动均已因新冠肺炎疫情取消。

在结束第九赛程比赛后,船员们目前都在苏比克湾接受隔离,等隔离期结束后,他们将踏上回家之旅。①

以上这两则新闻传达了2019—2020赛季克利伯环球帆船赛的一些动态信息:确定了这届比赛在南美洲、非洲和大洋洲的三个停靠站;受到新冠疫情影响,本赛季剩余比赛延期,预计十个月后重新开启;当前"青岛号"在总积分榜上名列第一。关注这些动态性新闻,有助于体育解说员把最新的赛事进展传达给观众,使其解说的材料更加鲜活丰富,由此提升其解说的权威性和可信度。

### 三、数据搜集

由于声音的易逝性,光靠解说员去描述比赛现场,有时候观众是很难把场上的一些细节听清楚的,这样也会造成解说员的解说语言干涩、苍白的现象。那么体育比赛的数据就会很好地弥补这个缺陷。比赛数据具有客观性和直观性,解说员适时地运用数据进行解说,生动形象,可以使观众一目了然。所以在解说前对比赛相关数据的搜集、储备、分析必不可少。数据赋予了体育解说的可信性,让体育解说更加"科学"。以篮球比赛为例,篮球比赛的数据对于解说员是至关重要的。数据虽然不能代表一切,但是

---

① http://sd.dzwww.com/sdnews/202003/t20200317_5285864.htm.

能够说明每一名球员或者每一支队伍在本场比赛的发挥情况。篮球比赛需要准备的数据包括球队数据、球员数据、交锋记录、各自战绩、主客场胜率、近期表现数据，等等。而且在融媒体语境下，多数体育网站设立了数据库，可供体育解说员查找之用。例如，新浪体育里设有 NBA 数据库，在这里可以查找到赛程、排名、统计、球队、球员等资料。如果需要准备菲尼克斯太阳队的比赛资料，那么球队数据则可以找到当前赛季技术统计（图 2-1）、队员信息、球员比赛数据、最近五场比赛、当前赛季数据之最等。

表 2-1 菲尼克斯太阳队 2019—2020 赛季常规赛技术统计[①]

| 本赛季技术统计 | 数值 | 联盟排名 |
| --- | --- | --- |
| 场均得分 | 113.6 | 10 |
| 场均篮板 | 43.5 | 21 |
| 场均助攻 | 27.2 | 1 |
| 场均失误 | 14.8 | 14 |
| 场均三分 | 31.8 | 21 |
| 场均盖帽 | 4.0 | 29 |

从表 2-1 的数据图中可以判断，该赛常规赛阶段季太阳队的场均得分排在全联盟上游；场均助攻排名第一，说明球队注重团队配合；场均篮板和盖帽在全联盟倒数，说明球队防守实力差；场均三分命中率排在全联盟倒数，说明球队进攻手段可能较为单一，可能并不倚仗三分作为拉开比分的手段，也可能队伍中缺少三分投手。

太阳队当家球星德文·库克的相关数据就可以从中找到。在"球员"类目中搜索德文·库克，除了该球员的基本资料外，相关数据包括当前赛季技术统计（表 2-2）、常规赛技术统计、最近 5 场比赛、当前赛季数据之最等。

---

① https://slamdunk.sports.sina.com.cn/team?tid=583ecfa8-fb46-11e1-82cb-f4ce4684ea4c.

表 2-2 德文·库克 2019—2020 赛季常规赛技术统计 [1]

| 本赛季技术统计 | 数值 |
| --- | --- |
| 场均得分 | 26.6 |
| 场均篮板 | 4.2 |
| 场均助攻 | 6.5 |
| 场均抢断 | 0.7 |
| 场均盖帽 | 0.3 |

从表 2-2 可以大致判断出，布克作为一名球队核心以及全明星级别的球员，在该赛季常规赛中场均可以得到 25+5+5（得分＋篮板＋助攻）左右的数据，可以说很好地发挥了明星球员的能力。但是作为一名后卫球员，场均抢断数只有 0.7 个，也说明其是一名进攻能力强而防守略显薄弱的球员。

当然，这里需要注意的是，体育比赛数据固然重要，但是解说员切勿被数据纠缠，不要一味地去迷恋数据，深入数据中不能自拔那就麻烦了。数据搜集与分析的目的在于预测，在于找到相关性，而不是以数据至上。例如一名篮球解说员在准备数据时，发现上一场比赛中一名全明星级别的球员得到全场最高分，并且带领球队赢下对手，这就可以说明该球员是本场比赛的最佳球员吗？答案也许并非如此。如果该球员依靠出手次数多且命中率不高的情况下得到高分的话，包括他在场上"效率值"[2] 不高的话，很难说明他本场整体表现尽如人意。所以说，数据搜集是解说的重要佐证和参考，而不能脱离比赛实际情况而存在。

---

[1] https://slamdunk.sports.sina.com.cn/player?pid=31baa84f-c759-4f92-8e1f-a92305ade3d6.

[2] 计算这个效率准则的公式为：[(得分＋篮板＋助攻＋抢断＋封盖)-(出手次数－命中次数)-(罚球次数－罚球命中次数)－失误次数]/球员上场比赛的场次。这个依据的得出，可以综合判断球员良性表现，并且参照球员的球场不良表现，接着根据球员出场的次数来得出单场平均的效率表现——以上解释来源于"百度知道"。

### 四、看点预测

体育赛事固然有输赢，但过程的不确定性和偶然性增加了观众的期待。预测能力是体育解说员在进行议程设置时的一种能力。预测看点是打出掌握比赛走势的"提前量"，更是对观众"胃口"的一种调动。但需要注意的是，预测看点并不是毫无依据，信口雌黄，而是要根据具体事实和相关数据来作出。相关事实保证了预测的前因后果，为什么本场比赛的看点是这个，而不是那个；为什么本场比赛的队员出场情况或球员的首发情况是这样，而不是那样；为什么一些客观因素例如天气、温度等对比赛产生一定影响，等等。数据保证了预测的相关性。大数据时代的到来，数据在互联网上唾手可得。数据不会告知事件的因果关系，但会找出其相关性。例如，运动员的相关比赛或训练数据是否关联其本场比赛或系列赛的竞技状态；运动队的相关数据是否关联本场比赛或系列赛的整体发挥，等等。所以说，看点预测应该是把运动员、运动队资料、媒体相关报道和数据搜集与分析进行结合，把因果关系和相关性结合起来，这样方能做到有理有据。

例如，2019—2020 赛季美国篮球职业联赛（NBA）季后赛打响之前，东西部前八名对阵图发布后，看点的预测呼之欲出。本赛季最年轻的三双王东契奇到底会带领球队走多远，能否掀翻热火晋级下一轮；"03 黄金一代"勒布朗·詹姆斯和卡梅隆·安东尼将会首轮聚首，既是兄弟也是对手的直接对话。同时利拉德能够在这次系列赛带领球队走得更远也是开拓者对阵湖人的一大看点；克里斯·保罗易主后带领雷霆青年军出人意料地杀入西部第四，巧合是老东家火箭队位居第五，两队直接强强对话，同时上赛事作为队友的哈登如今成为保罗的对手，两队鹿死谁手值得期待；本·西蒙斯赛季报销，对 76 人队雪上加霜，上赛季雄心勃勃剑指总冠军，如今能否杀出重围值得一看。所以说，在本次系列赛之前进行看点预测，是为了"预热"，同时有针对性地进行解说准备。

当然，作赛事看点预测时切忌陷入唯数据论。前文提及，数据只是作为体育解说的佐证，而不能忽略实际情况。例如保罗与哈登的相遇，雷霆队与火箭队的对抗，ESPN预测雷霆队的晋级季后赛的概率仅为0.2%。如果按照这样的预测，两队的系列赛几乎毫无悬念，雷霆队铁定出局。但是从常规赛来看，保罗似乎在雷霆队焕发了第二春，在依旧保持场上高效的同时，同时最大限度地带动了年轻队员的积极性，并且在西部高居第四，比火箭还略胜一筹。所以说，看点预测一定要保持事实和数据的平衡，有理有利有节地进行体育解说准备。

### 五、准备工作越细越好

一名优秀的体育解说员如何受到观众的认可，唯有对所解说项目的"懂"和"通"。"懂"是入门，"通"则是进阶。这是一个积累的过程，更是一名解说员蜕变的过程。所以，体育解说员准备工作做得细致，其对该项目的理解就会更深，才能更加生动、更加翔实地解说比赛，为观众服务。美国的体育解说员习惯自制战术板来积累相关比赛信息。"所有的战术板都普遍具有一点特性：即时信息。不用翻阅笔记本、媒体指南、新闻简报或采访记录，以上所有的信息载体都浓缩成为一种格式，这种格式可以使你在以光速发出声音的时候，只需一瞥便可轻松地阅读或轻松地找到所需信息。"[①] 可以说，战术板就是一座小型赛事信息的移动图书馆，随时修改、删减、补充，在解说时以备不时之需。在国内，也有很多解说员采用"写满纸"的方式来进行赛前准备。纸张就类似于战术板，在纸上写满有关比赛的信息，越细致越有针对性，也越有层次。著名篮球解说员杨毅通常就采用这种方法，他认为：

> 解说，讲究的是清楚，把赛场上发生的事儿和为什么发生，说清楚就行。可要想说清楚，你首先得了解，这是

---

① [美]汤姆·海德里克：《体育播音艺术——如何建立成功的职业生涯》，任悦、王群等译，北京：中国广播电视出版社，2008年，第5页。

一项非常精密的工作。所谓精密才有的清楚，就是一个解说必须非常了解两支球队的主要打法和技战术特点，而主要打法和技战术特点是由所有主要运动员的实力、特点、竞技状态和临场发挥这些综合因素形成的。有一点不清楚，你在解说里可能就疏于准备，然后就说不通。[①]

可以看出，杨毅在解说每场比赛前案头工作准备得非常认真仔细。可以说，细节决定成败。在融媒体时代，体育解说的准备可以说是相对更加方便。因为网络的信息和数据呈现大、多、公开等特点，一些基础资料无需再耗时耗力到各个资料室搜集，一部电脑即可完成。例如西班牙足球甲级联赛的比赛，只需要在权威的体育网站找到西甲的类目条，点开后搜寻你需要准备具体交战双方的球队、球员信息，当前积分榜和射手榜的信息，最新的新闻链接，以及球迷社区中对比赛的观点、意见、期待，等等。这就符合戴维斯·温伯格所说的，互联网时代的知识过滤特点是向前过滤（Filter Forward），通过链接，你所需要的信息一层一层展开，这就避免了信息超载的问题。

除去战术板，体育解说员还需要准备其他解说时用上的物品塞进书包（俗称公文包）里。"老练的解说员每次出门前，都会列出一个清单，一一检查必须的物品是否带齐，包括入场证件、媒体指南、新闻资料、采访本、节目流程表、沙漏、战术板、望远镜、笔、比赛规则、裁判法则、应急药品、手机等。"[②] 所以说，对于一名体育解说员来说，案头准备工作永无止境，越多越细致越好，由此解说员在该领域的知识和信息得到不断完善和补充，才能使其在解说时游刃有余。正所谓"万石谷，粒粒积累；千丈布，根根织成"。

---

[①] 杨毅：《解说是精密的工作怎么准备一场比赛？》，https://sports.qq.com/a/20160201/019355.htm。

[②] 张德胜、武学军主编：《体育解说评论》，武汉：华中科技大学出版社，2018年，第53页。

## 第二节 体育解说的具体方法

当做好解说前的准备后，就涉及"如何说"的问题。"说"是嘴、脑、眼并用的过程，是对赛事实时情况的描述，是对赛场气氛的渲染，是对赛事深度的解读，是与观众产生的良性互动。所以，如果准备是体育解说的前提条件，那么解说的具体方法则是体育解说的灵魂所在。

### 一、议程设置

议程设置是传播学的重要理论。1963年，美国学者科恩提出了一个著名的论断，那就是报纸在"很多时候，它可能并不能成功地告诉人们怎么想，但是在成功地告诉它的读者想什么方面，它却极为出色"。1968年，美国学者麦斯威尔·麦库姆斯和唐纳德·肖在总统大选期间，调查了北卡罗来纳州查普希尔某社区人们对社会问题的关注程度，同时对他们接触大众传播带来的信息内容进行比较，发现相似度高达0.97。1972年，两位传播学者在《舆论季刊》上发表了题为《大众媒体的议程设置功能》的文章，第一次使用了"议程设置"的概念。这一概念指出，"大众传播媒体报道量越大的问题，越容易被公众认为是当前最重要的问题"。[1] 这个理论不但指出了大众关注问题和媒介报道事件之间的必然联系，同时也指出了媒介报道事件的重要程度也会影响大众心中的"议程顺序表"（见图2-1）。简言之，媒介议程影响着公众议程。

---

[1] Maxwell E McCombs & Donald L.Shaw :The Agenda-setting Function of Mass Media, in Public Opinion Quarterly,36(2),1972.

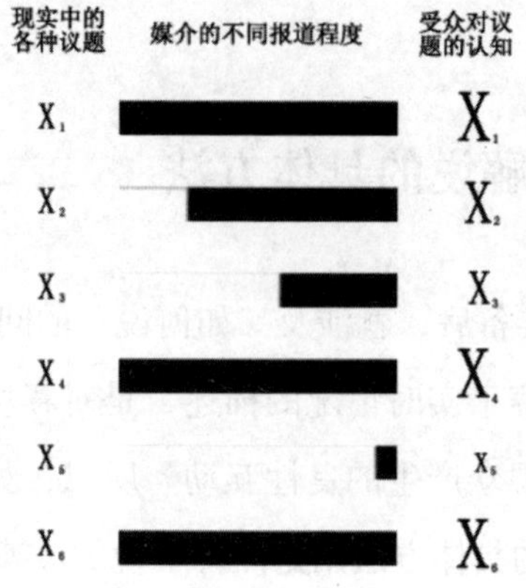

```
现实中的        媒介的不同报道程度      受众对议
各种议题                              题的认知

X₁           ████████████          X₁
X₂           ██████                X₂
X₃           ████                  X₃
X₄           ████████              X₄
X₅           █                     X₅
X₆           ██████                X₆
```

图 2-1 议程设置功能的示意图

既然媒体议程之于民众有如此大的作用，那么体育解说员如果在赛事转播中运用此方法得当，也会对观众在认知和情感方面有重要影响。魏伟认为体育解说员正在扮演"议程设置者"的角色——"对于体育赛事转播方来说，最简单有效地提高传播效果的方式就是在传播中树立英雄形象""解说员在引导受众欣赏体育赛事的视角方面起到了重要作用"。[①] 例如 2004 年刘翔在雅典奥运会男子 110 米栏决赛中夺冠，体育解说员杨健兴奋不已，他解说道：

> 2004 年的 8 月 28 日是让所有中国人，所有黄皮肤、黑眼睛的亚洲人感到震撼和自豪的一天，刘翔创造了历史。我在现场解说。此时此刻，7 万多人的雅典奥林匹克体育场好像在瞬间爆发了，中国闪电的力量震荡全球。确实，在现场声嘶力竭咆哮的我就是这种感觉，一种巅峰状态。（录自 2004 年刘翔在雅典奥运会男子 110 米栏决赛的体育解说）

这段解说，把刘翔塑造成为短跨项目的王者，为中国乃至亚洲争光的

---

① 魏伟：《电视体育解说员的传播效果研究》，《电视研究》，2009 年第 5 期，第 58 页。

英雄。杨健的逻辑是，刘翔夺冠创造了中国和亚洲在这个项目的纪录，这个纪录应该被作为重要的体育历史事件被世人铭记。由这个纪录产生的效果不是区域性的，而是"震荡全球"——以往被欧美独霸的这个项目因刘翔这位"中国闪电"而成为过去，新的历史篇章就此翻开。可以说，杨健进行的议程设置以小见大、逻辑严密，引起观众的情感共鸣。刘翔这个名字因这场比赛，甚至是这段解说，一时间成为街头巷尾人们热议的著名人物。

2012年钻石联赛上海站进行了男子110米栏决赛中，刘翔以12秒97成功卫冕。杨健同样进行了现场解说。他说：

> 起步很快……前三栏在调整……刘翔保持了领先优势，跑进了13秒，创造了赛会纪录！风静了，雨停了，刘翔回来了！这是刘翔08年之后重返巅峰，创造了今年这个项目的最好成绩，在这样湿滑的场地上，12秒97，简直不可思议！见证传奇——今年赛会的口号实在太贴切了，刘翔剑指伦敦。（录自2012年钻石联赛上海站进行了男子110米栏决赛的体育解说）

如果说八年前的北京奥运会杨健的解说是围绕"刘翔是王者"来设置进程，那么这段解说他是围绕"刘翔王者归来"为主题来进行议程设置。2008年北京奥运会刘翔因伤退赛，之后状态愈加低迷。也许观众那时心里会有很多疑虑：刘翔是昙花一现，还是会触底反弹？2009年上海国际田径黄金大奖赛，刘翔获得一枚银牌，这可以说是他状态回升的一个信号。2012年是奥运年，中国飞人能够再次创造惊喜，而奥运会前的状态至关重要。所以刘翔在这次距离伦敦奥运会开幕两个多月的重要国际赛事中夺魁，可以说是把其状态调整至最佳的信号。所以，杨健用了"回来了""重返巅峰""不可思议"等词，目的就是说明"刘翔，你可以的"，因为刘翔"回来了"，所以"剑指伦敦"。这样的解说就是为观众的期待设置议程，重燃其对刘翔的信心，为其伦敦奥运之旅加油。

所以说，体育解说员在比赛进行过程中要根据赛场具体情况进行判断并设置议程,不仅是对场面进行描述,还有对场面引申出的内涵进行解读和评论,以此赋予比赛更深远的意义,以及塑造运动员的更加立体的形象,以此引发观众的共鸣。

### 二、情感控制

体育解说员情感倾向性一直是该领域探讨的重要议题,同时也是体育解说员重要表达原则之一。由于体育解说员通过口语传播的方式去渲染气氛、表达意见,要想达到完全公正的态度是不可能的。在20世纪50年代,时任国家广播事业局局长的梅益同志就指出体育解说要"客观、公正与适度倾向性相结合"。简言之,就是一个尺度问题。体育解说员"既要为自己所支持的一方加油,但也要看到对手的长处,尊重对手的尊严,激励己方,而不侮辱对方"。[①]也就是说,情感倾向性的核心在于"尊重",尊重比赛,尊重对手,其实也是在尊重自己以及自己支持的一方。如此,解说员的解说在情感上不会出现太大偏差。

同时,在"尊重"的基础上如果体育解说员能够注入人文情怀,可以说会为解说锦上添花。李冶业认为,"体育解说的人文化实质就是在体育新闻传播中,挖掘体育人文精神、关注体育人文精神、彰显体育人文精神、发展体育人文精神的过程。"[②]还以刘翔为例。在2012伦敦奥运会上,谁都没想到刘翔会以一种催人泪下的方式完成比赛。刘翔在110米栏预赛中冲第一个栏架时意外摔倒,随后他用"单腿跳"的方式到达终点,令人动容。杨健在解说中哽咽地说道:

> 刘翔是一个战士,在这个可能是他生涯最后的一枪的比赛里,结果和过程有些惨烈,让我们心理上接受不

---

[①] 张德胜、武学军主编:《体育解说评论》,武汉:华中科技大学出版社,2018年,第35页。
[②] 李冶业:《体育解说"人文化"中对"人"关怀的实现》,《中国报业》,2012年第4期,第97页。

了。但这是事实,是竞技体育的残酷性。他是个战士,在明知道不可能跑到终点的时候,他飞了起来。这一飞让我们想到2004年,刘翔29岁该歇歇了,感谢刘翔带给我们的荣耀。这是我在今天来到伦敦碗能想到的最坏的结果,但有时候事情就是这样。明知道跑不到终点的时候,他依然咬紧牙关朝着终点线冲去。几乎是拥抱着最好的伙伴栏架一起摔倒在地,太难了。一个运动员如果脚不能跑,就像一个战士手里没了枪,用身躯去冲击敌人堡垒。刘翔再见,永远记忆的金色画面,只是今天这一下,太惨烈了!刘翔是一个战士,他让中国在这个项目里辉煌了10年。刘翔用他的拼搏,在10年里补强了田径这个中国体育的短板,提起中国田径就会提起刘翔的名字。(录自2012伦敦奥运会男子110米兰预赛的体育解说)

从2004年雅典奥运折桂到2008年北京奥运退赛,再到2012年伦敦奥运前的努力回归,这8年见证了刘翔职业生涯的高光时刻和低谷时期,所以2012年伦敦奥运凝聚了所有人对刘翔的再次起飞的期待。当刘翔以一种壮烈的方式完成比赛时,也许出乎了所有人的预料。如果单纯地看比赛,刘翔没有以"正常"方式完成,从结果看他失败了,但是,刘翔背后所隐含的体育精神应该给予掌声。杨健把刘翔比作"战士",一位29岁的老战士咬牙坚持奋力一搏,他是用身体去撞向终点线。这是一种对体育的热爱所迸发的力量,这是一种对体育的执着所产生的勇气。正是力量和勇气,弥补了中国在短跨项目乃至田径的短板,为我们带来了荣耀。所以说,杨健很好地看到了此刻人文主义的闪光,并表达出来,虽然哽咽但情绪也在可控范围内,并没有失态,反而引起了观众的共情。时任中央电视台体育频道总监的江和平评价杨健的这段解说为"真情流露"——"对于刘翔的比赛解说,我们有一个基本共识,就是无论他跑出什么样的成绩,只要站在赛场上，就是一种成功。杨健的解说，是一种感情和情绪的自然流露。我看到他在解说时，眼泪止不住地流下，他旁边的解说嘉宾阚（福林）指导，愣在了那里，这都不是刻意的，都是内心的真实表现。"①

融媒体时代实现了体育解说主体的多元化，没有经过专业知识积累和训练的人员，进行解说时更要把握情绪的倾向，否则就会在用户中树立不良形象，甚至造成用户流失。例如2019世界排球联赛（VNL）总决赛中中国队对阵意大利队，一位在网络上颇具人气的体育解说员小麦进行解说。他声音柔和、风趣幽默，同时很好地把握情感的倾向性，不因解说中国队比赛而过分贬低对手。其中一个细节是意大利队传球失误，他用"名场面"这个词进行说明这是一次低级失误。这个词是当前的网络流行语，意为家喻户晓的经典事件片段。在这里小麦显然是运用反语，但恰到好处，非但没有讽刺之意，还增添了欢乐的意味。之后他马上介绍了一个背景资料，就是在总决赛前意大利队放了几天假。他的逻辑是这次失误看似虽小，但很低级，原因归咎于赛前没有认真训练，由此状态一般。把调侃和客观分析相结合，幽默而不出格，对事不对人，所以这是一个正确把握情感倾向性的案例。

但特别需要注意的是，情感的倾向性就像一把双刃剑，稍有不慎，就会过犹不及，出现人身攻击，导致伦理失范问题。此问题会在后续内容中会着重探讨。

## 三、归纳评论

体育比赛没有彩排，比赛瞬息万变，体育解说员要提高注意力，时刻观察比赛中发生的各种情况，用强大的记忆能力储存在大脑里，经过大脑"内化"后通过理解力作出判断和评价。可以说，归纳评论就是体育解说员其

---

① 江和平：《杨健解说刘翔真情流露 我也止不住眼泪》，http://media.sohu.com/20120823/n351325015.shtml.

中一项重要的口语表达能力，是其思维运动过程的外化，是聚敛性思维的体现。聚敛性思维，"是将许多新的信息围绕中心进行选择、归纳和重新组合"。①张颂认为，聚敛性思维的特点在于"收"，"通过训练，要使我们能够在'放'的基础上，将无数活跃的思维的闪光点，经过提炼、浓缩、优化组合出有价值的共同的属性、共同的本质，得出带有普遍性的结论，追求即兴口语表达的深度"。②如果说描述比赛场面是一名体育解说员的基础能力，那么归纳、总结、评论则是其对比赛场面的深度挖掘和综合考量。

作为我国体育解说泰斗级人物的宋世雄，他的解说清晰明了、言简意赅，同时归纳评论到位，挖掘深入。他在自传《宋世雄自述——我的体育世界与荧屏春秋》中对于体育解说成功的保障一语中的，同时也是归纳评论的精髓。他认为，体育解说应该"正确地把握了舆论导向，抓住了时代的本质，体现了人们的愿望，传达了听众观众们的心声"。③1981年女排世界杯中国女排以七战全胜的优异成绩夺冠，同时也开启了五连冠的霸气旅程。在比赛结束时，作为解说员的宋世雄精彩地对比赛进行了归纳评论，他说道：

> 各位观众，各位听众，台湾同胞，海外侨胞，经过几代女排队员的努力，今天我们终于实现了贺老总的遗愿，拿下了"三大球"之一的女排冠军……诗人们，希望你们写首诗吧！作家们，希望你们写一篇文章吧！讴歌我们女排姑娘们，赞美中国姑娘们的拼搏精神……④

---

① 国家教委师范教育司组编：《教师口语》，北京：北京师范大学出版社，1996年，第180页。
② 张颂：《中国播音学（修订版）》，北京：中国传媒大学出版社，2011年第5次印刷，第313页。
③ 宋世雄：《宋世雄自述——我的体育世界与荧屏春秋》，北京：作家出版社，1997年，第44页。
④ 同上，第37页。

虽然时过境迁，但这段评论今天读起来依然值得借鉴。这段评论主要分成两个层次。第一，女排夺冠，是几代人的努力，完成了贺老总的夙愿。1964年春天，贺龙元帅曾说："三大球上不去，我死不瞑目。"往深了说，三大球代表国家软实力，显示国际影响力。今天女排夺冠，证明中国排球的实力，更代表了中国力量。第二，女排夺冠不是机缘巧合，不是运气至上，而是拼搏换来了佳绩。拼搏是一种体育精神，代表了球员场下努力刻苦训练，场上奋力比拼。宝剑锋从磨砺出，梅花香自苦寒来——女排的拼搏成为中国乘风破浪的精神浓缩，成为国人砥砺前行的精神支柱。两层意思层层递进，升华本场比赛的解说。

融媒体时代的体育解说员依然需要归纳总结的能力。进行解说时，需要在比赛进行到一定时间内进行总结评论，为了加深观众对比赛实时情况的印象，同时使得解说更有层次，内容更加丰富。例如，在电竞解说中经常会有结合古诗词的总结评论："天不生 the shy，LPL 上单万古如长夜，谁敢横刀立马，唯我虎大将军真男人，就应挽狂澜于既倒，扶大厦之将倾，关键时刻，厂长抢下了大龙！如同天上降魔主，真是人间太岁神！这个贾克斯……"还有煽情类的："也许有一天，我是说，也许，也许我们会对英雄联盟、电子竞技失去信心，因为LCK的宰执直到今日都还在持续，但我觉得，不是今天。也许有一天，这些我们所热爱的选手，他们没有办法再拼搏在这个舞台上了，但我觉得，也不是今天。今天，RNG浴血奋战，来应战SKT，让我们进入召唤师峡谷！"也有哲学鸡汤类的："在没人相信你的时候，你相信了自己并赢得了胜利，这就是成为英雄的道路！"

在融媒体时代，尽管体育解说的语言风格和大众传播时代会有不同，但总结评论的能力和逻辑性不能丢失。总体来说，体育解说员的总结评论是根据现场比赛的具体情况而产生的思想运动，然后通过口语传播的形式表达出来，眼睛、大脑、发声器官联动，超越"看图说话"，以情带声，以理服人，挖掘更深层的意义感染观众。

### 四、数据选择

这里的数据包括两种：一是体育解说员在准备解说时搜集的数据，包括运动员和运动队的资料；二是比赛进行过程中的实时数据，例如运动队、运动员场上表现的相关数据，以及关键时间节点和比分。体育解说员解说时控制着数据的"开源"和"截流"，也就是具有"把关人"（Gatekeeper）的作用。哪些数据需要在合适的时间告诉观众，哪些数据必须立刻告诉观众，哪些数据可以忽略掉，体育解说员需要根据比赛现场情况进行判断。如果一味地播报数据，就会忽略场上的实际情况，而使观众厌烦；如果数据传达过少，就会削弱解说的权威性，而失去观众信任。所以，体育解说员对数据的选择，要考量和符合观众的选择性心理——哪些数据易于观众选择性接触，而后可以选择性理解，最后使其达到选择性记忆。简言之，体育解说员对数据的选择和播报要简洁明了、一针见血，便于观众接受。

例如在 2019 年 1 月 13 日的西甲第 19 轮，西班牙甲级联赛的劲旅巴塞罗那队（下称"巴萨"）对阵埃瓦尔的比赛，这场比赛关乎巴萨核心球员梅西是否能创西甲职业生涯第 400 球的纪录，也是该场比赛的一大亮点。那么在解说开始时体育解说员就要"下钩子"——应该告诉观众这场比赛对于梅西的意义。事实上，梅西也如愿完成了这个目标。这时体育解说员就应该对这个进球的一些数据进行播报，以便"唤醒"之前解说时埋下的伏笔。解说员可以说："梅西在比赛进行到 53 分钟时进球，这将成为其在西甲生涯的第 400 粒进球。这距离梅西打进西甲第一球整整过去了 15 年，那粒进球还是在 04—05 赛季西甲第 34 轮。岁月蹉跎，韶光易逝，15 年时光不能倒流，但 15 年缔造了一名伟大的球员。"这段话中出现的"400"呈现了梅西在西甲的进球数量，"1"则是体现了梅西在西甲闯荡的历史感，而"15"作为时间量词则突出了时间跨度对一名球员的锻造。三个数字带有强烈的逻辑性，是赛前解说员的准备与比赛进行情况相结合的体现，同时也会在观众中唤起梅西这 15 年来高光时刻的记忆，从而促进观众对梅西本场这粒进球重要性的认同。

再如在 2018 年巴西世界杯 1/8 决赛中的一场重头戏——阿根廷队对阵法国队，这场"强强对话"可谓是众星云集。阿根廷队有梅西、迪玛利亚等球星；法国队则由格列兹曼、姆巴佩领衔。比赛进行到 13 分钟，姆巴佩长途奔袭中被阿根廷后卫罗霍在禁区内放倒，裁判判罚点球。格列兹曼一蹴而就，法国人 1∶0 领先。这是比赛进程中的情况，体育解说员必须对重要的时间节点和比分作出播报，既是强调，更是加深观众对比赛的印象。在这样的足球盛事中，还是在淘汰赛中，13 分钟代表什么？1∶0 代表什么？会对接下来的比赛有何影响？观众会作何感想和反应？由此，解说员可以说："在这样的足球大赛中，还是一场定胜负的关键比赛中，法国人在比赛刚刚进行到 13 分钟时就已经一球领先了。高手过招，随机应变，阿根廷队会根据场上形势作出调整吗？他们会及时扳平比分吗？法国队会不会因为先进球而变得保守，还是会继续大刀阔斧地进攻，争取扩大优势呢？"解说员可以运用充满悬念的语言去渲染"13"和"1∶0"这样的数据，让数据变得鲜活和立体。

由此可见，体育解说员对比赛数据的选择一定要与其意义相连。单纯的数据是苍白的，有意义的数据才能使赛事的文本得以转换。也许在赛事转播中，电视画面或者电脑屏幕、移动端设备屏幕（例如手机和平板电脑）上都会显示比赛的实时比分、结果，运动员的当前表现等，但是解说员如果加以解读和补充，把屏幕上的文本转换为带有意义和内涵性质的语言符号进行表达的话，对观众理解比赛是非常有帮助的。例如在乒乓球比赛中，7 局 4 胜制，每局 11 分。如果一名运动员在这一局中以 8∶2 领先，证明其很有可能拿下这一局。当然，落后一方也有可能逆袭获胜。但是，屏幕上出现 8∶2 的比分时，其不仅仅代表了一方领先另一方 6 分，其背后则是隐含着因何领先的原因：是技战术，是打法，还是心理素质？这时体育解说员需要对其加以解读和判断，来深化观众对比赛的理解。可以说，从这个层面讲，体育解说员承担了诠释者的角色，魏伟教授则称其为"导游"。

### 五、平等对话

人在社交关系网中评估和维持自己地位的一个主要方法是与别人交流信息和交流关于别人的信息（即流言）。海德格尔认为我与他者共在是共同体的根本。共在通过传播来实现，由分享来联结。这就直达约翰·杜威的观点：社会不仅因传递与传播而存在，更确切地说，它就存在于传递与传播中。分享信息、参与活动成为人类群居生活维系彼此关系的纽带。汤姆·斯丹迪奇更是一语中的——人天生爱分享。也就是说，对话是人的社交性表现，是人的本性之一。对话可以是口头的，也可以是文字交流，但在以电力驱动的电子媒介时代，则呈现出对话不平等、反馈不及时的缺陷。媒介的集中化管理，削弱了人们的社交能力，单向传播成为主要的传播模式，而人们则沦为"沙发土豆"，被动地接受电子媒介传播的内容。在广播和电视体育解说中，解说员单向地向受众介绍比赛，而受众几乎没有渠道可以向解说员表露心中所想，二者无法完成对话，更谈不上平等的对话了。这是受到媒介技术、制度等因素的局限，信息传播往往会出现误差——你传播的未必是我想知道的，我想知道的未必是你想告诉我的。所以，体育解说员和观众之间有一道无法逾越的"墙"，这也是体育解说在大众传播时代发展的瓶颈。

随着互联网的到来，社交媒体随之崛起，人的社交性与网络技术联结起来。如果我们把社交媒体（Social Media）这个词语分解来看，"社交"是指社会交往，而"媒体"则是搭载社会交往的平台。也可以这样理解，"社交"是基础和内容，"媒体"是载体和渠道。由此可见，产生社交媒体的根源在于人的社会性，而人对交往行为的诉求促进了社交媒体的产生，同时网络传播技术的发展则使社交媒体的形态得以不断进化。可以说，互联网做到了人的联结，更是思想的联结，使平等对话的实现成为可能，也使得不同国家或地区、不同人种、不同民族、不同阶级的人们能够共享互联网平台。由此，麦克卢汉所说的"地球村"在虚拟空间中日益实现了。汤姆·斯丹迪奇认为，"现在社交媒体使任何人都能轻而易举地迅速与他人分享信息，因此使普通人获得了集体设置议题的力量"。①

如今，体育解说也积极融入新媒体技术的应用，体育解说员与观众之间的"墙"在逐渐消解，二者之间互动愈加增强。实现二者互动的桥梁便是"弹幕"和"评论区留言"。解说员可以根据用户的留言了解其所思所想以及对比赛的相关见解，这样方便解说员能够更加准确传达满足用户需要的信息。而用户也会因留言引发"舌战"，从而调动观看比赛的气氛。例如弹幕，"弹幕功能可以让网友的发言于实时现场画面联系得更紧密，某一句话就是为了这个瞬间而发。而通过区分弹幕的字体、颜色等形态，可以把精彩、一针见血或者重要的弹幕凸现出来，从而进一步深入某个话题。同时，用户与用户之间也会为了一句更能引爆直播间的弹幕展开比拼，这也会增强弹幕的质量"。② 如此一来，就有助于建立体育解说员与用户之间的信任，使得二者处在平等对话的位置，构建起一种真实可感的亲近，起到二者之间的共时、共处、共情的效应。正如孙玉胜所说，"传播者与观众必须首先建立一种'与话双方'的平等，平等之后才可能建立亲近感"。③所以，互联网使得处于大众传播边缘地位的社交性回归，让体育赛场形成了一个真正的互动场，体育解说员和用户的地位趋于平等，互为主体的对话让体育解说不再"孤单"，彼此联结找到久违的归属感。

### 六、插科打诨

娱乐是人的天性，也是信息传播承担的重要职能。传播学者赖特在拉斯韦尔的"三功能说"（监视环境、社会协调和社会遗产传承）的基

---

① [英]汤姆·斯丹迪奇：《社交媒体简史：从莎草纸到互联网》，林华译，北京：中信出版集团，2019年，第289页。
② 《中超直播弹幕呈爆发式增长 乐视体育欲打造体育圈"L站"？》，http://www.ccidnet.com/2016/0601/10141114.shtml。
③ 孙玉胜：《十年——从改变电视的语态开始》，北京：生活·读书·新知三联书店，2003年，第49页。

础上，提出了传播还具有"娱乐"的功能。他认为信息传播内容并不全都是务实的，还有娱乐成分的存在。这就契合了人们随着物质生活水平的提高对更高品质生活的需求。在体育解说中，观众早已不满足对赛场基本情况的了解，尤其是在比赛时间较长的赛事中，体育解说员如果一味地只是就比赛解说比赛的话，解说就显得乏味无趣，很可能失去观众的注意力。如果比赛中在不出格的情况下，在合适的时机运用娱乐性质的语言，插科打诨，既可以丰富解说的内容，也能使观众身心放松，从而调动观众观看比赛的积极性。

央视著名解说员韩乔生常在体育解说中进行调侃，在互联网上还流行了"韩乔生语录"等帖子。但就笔者而言，韩乔生的调侃风趣幽默，是在没有失去一名体育解说员基本素养前提下的"解闷型"解说。例如他说"××球员三十公里外一脚远射！"这是运用夸张手段来形容球员射门距离之远。在封闭的球场环境下，两军对垒，球队完成进攻的手段不一，有头球攻门，有抢点射门，有外围远射，有单骑闯关等。外围远射这种手段球场都会见到，那么如何形容却是一门语言艺术。是单纯用"远射"直白解说，还是用"世界波"来比喻，其实都可以。但是，韩乔生运用"三十公里"形容射门距离之远可以说会调动观众的思维——三十公里？这是球场吗？这样一下子抓住了观众的注意力。再例如，他说："球进了！姜还是老的辣，××队十小将再立新功！"这在是一种"夸张的对比法"，老辣的"姜"应该是形容球员浪迹足坛多年，是老球员，但"小将再立新功"则说明该球员刚刚出道，是新球员。这样的语言貌似出现了信息缺位的问题，让观众未能理解其所表达之意，但实则在观众或是资深球迷的莞尔一笑中对该球员的记忆更加深刻。

在融媒体时代，释放了用户的选择性和参与性，稀释了大众传媒的权威地位，所以行业壁垒被打破了，专业和业余的体育解说员混杂在一起。在这种背景下，娱乐元素的地位更加重要。因为不论是在表达还是在内容上，娱乐意味着吸收用户数量、吸引用户注意、吸纳用户流量。但是，就是因为行业准入的门槛降低，娱乐元素的分寸把握在体育解说中成为一个突出的伦理性问题。总之，适度的插科打诨，会让体育解说增色，也印证了美国著名电视节目《60分钟》前制片人唐·休伊特的话，"我所知道的最好的留住观众的方式是——与其抓住观众的眼球，不如抓住观众的耳朵。"[1]

## 第三节 体育解说的赛后总结

当体育解说员解说完比赛，并不意味着整个体育解说工作的完结，因为解说后需要积极进行总结，才能更好地为下一场比赛做准备。这些工作包括首先要回看比赛，找出解说时的不足，争取在下一场进行弥补；其次，面对来自各方面的评价，要用冷静的态度去面对；最后还需要不断积累，在"充电"中提升自己的解说水准。

### 一、回看比赛，找出不足

回看比赛，是体育解说员进行"复盘"的必修功课。重新观看上一次解说的比赛，既是对解说过程中个人表现的重新评估，也是找出不足并不断进步的重要方法。回看比赛，应从以下几方面入手。

第一，从解说的状态看，声音运用与情感控制是否到位。俗话说，"没有声音，再好的戏也出不来"。声音是体育解说成功的基础保证。所以，"有声儿"是第一步。第二步，声音是否得到合理、正确的运用。正确用声既是保证声音舒适度的关键，也是嗓音保护的重要环节。回看比赛，体育解说员要对自己解说比赛时的用声状态进行评估。同时，体育解说也是"情、

---

[1] [美]唐·休伊特：60分钟：《黄金搭档电视栏目的50年历程》，马诗远、林洲英译，北京：清华大学出版社，2004年，第87页。

声、气"结合的产物,那么情感控制是衡量体育解说员情感运用和情感倾向是否合理的标准。首先,情感不足,就会出现解说的乏味;其次,情感过之,就会覆盖客观公正的视角。所以,解说时情感控制是否合理,体育解说员需要在回看比赛时进行分析。

第二,从解说的逻辑看,是否进行了实时描述、解释及评论。例如实时描述比分和关键时间节点的传达,以及比赛场面叙事的完整性。像一场足球比赛,比赛的首发球员、阵型以及阵型的变化、球员的位置、场面的动态行进、比分、时间等因素是否描述完整。在此基础上,是否对比赛相关的解释到位。解释作为解说比赛的补偿性语言,有助于观众更为便捷地看懂比赛,例如对赛事规则、裁判判罚、判罚尺度等的解释。同时,及时评论总结是对体育解说员口语表达的更高要求,所以回看比赛要对自己评论语言进行分析,思考其是否逻辑清晰、分析到位、深入浅出。

第三,从团队配合的角度看,是否与嘉宾进行了恰当、良好的互动。当前很多比赛的体育解说运用了"1+1"或"1+多"模式,就是说一名体育解说员配合一名或多名嘉宾进行解说。这种模式的优势在于使解说更具权威性。所以体育解说员如何配合嘉宾成为解说的一项重要素质。回看比赛,体育解说员要看与嘉宾配合的程度。第一,是否默契,像老朋友一样;第二,是否喧宾夺主,话语权出现失衡状态;第三,与嘉宾互动时抛出的问题是否合理。

## 二、对待评价,冷静处理

体育解说员是被媒体塑造的公众人物,一言一行都受到观众的关注。尤其是融媒体的语境下,实时交互成为可能,体育解说员解说完比赛立刻就会有用户对其言行进行评价。面对来自四面八方的声音,体育解说员首先要怀着虚心、包容的心态面对。对于观众或用户的意见,应当"有则改之,无则加勉"。张德胜和武学军等人认为,"一旦你成为舆论的焦点,或者成为学术讨论的案例,除了站出来聆听、甄别与接收,你别无他法。否则,你就不宜在这一领域继续发展。"①

其次,作为体育解说员,要尊重观众发声的权利,切勿一哄而起,面对不和谐的声音去攻击他人。因为,体育解说员作为媒体人,作为播音员、主持人序列中的一个种类,形象管理至关重要。没有良好的形象,不但个人名誉受损,就连所在栏目也要跟着受到牵连。高贵武认为主持人形象管理的必要性在于"从某种意义上来说,节目主持人以及整个主持人节目的传播效果正是由节目主持人受欢迎以及主持人在受众心目中的形象来决定的"。②

再次,体育解说员面对评价,应具备一定的媒介素养,冷静处理。媒介素养不仅是对受众或用户提出的要求,对媒体人本身也是一项重要的素质。对中肯的意见虚心接受,虚怀若谷方能继续进步;对于吹毛求疵应仔细研判,对其进行"把关";对于无厘头的谩骂应自动屏蔽,宽大胸襟方能乐观向上。

### 三、赛后积累,不断充电

通常说,播音员、主持人是"杂家",各行各业的知识都要涉猎才能在节目中游刃有余。体育解说员更是如此,要不断扩大自己的兴趣点,不断充电,才能在解说中更加举重若轻,还可以轻松"解锁"新项目。

首先,体育解说员要博览群书,增加知识厚度。一名优秀的体育解说员一定是求知若渴之人,一定会在解说台下不断补充新知识。例如,一名足球解说员,要对世界各国的国旗、国歌、国名的英文缩写有一定了解,要对世界主要足球强国的历史有一定了解,要对足球这个运动项目本身的历史有一定了解,要对所要解说的足球赛事有一定的了解,等等,这都需要体育解说员进行不断的积累。因为只有积累,才能更具权威性,才能更好地服务比赛和观众。

---

① 张德胜、武学军主编:《体育解说评论》,武汉:华中科技大学出版社,2018年,第68页。
② 高贵武:《主持传播学概论》(第二版),北京:北京大学出版社,2019年,第125页。

其次，体育解说员要增强自身写作能力，加深对比赛的解读。作为媒体人，写跟说一样重要，都是传播信息的必要手段。在赛后，体育解说员应多撰写专栏、公众号文章，以此作为深层解读比赛的手段，广泛开展同观众的交流互动。

再次，体育解说员应拓展人脉，强化对解说项目的理解。体育解说员应积极同嘉宾、负责相关赛事的官员、运动员、教练员、裁判员建立积极和广泛的联系，这样既利于赛前实现对其采访取得第一手资料，更重要的是可以通过专业人士，来深化对该项赛事的历史、规则、训练情况的了解。

综上所述，体育解说的基本方法由赛前准备、具体解说方法、赛后总结三部分组成。"冰冻三尺，非一日之寒"，唯有不断实践，不断刻苦训练，才能具备成为一名优秀体育解说员的种种素质。

# 第三章 大型赛事开／闭幕式的解说

　　大型赛事是凝聚世界各国和地区人民之间关系，传递体育精神的重要场所。像奥运会、洲际运动会、足球世界杯等大型体育赛事的关注度之高，成为在体育领域的饕餮盛宴。而其开／闭幕式则是人们体育大餐的"开胃菜"——绚丽十足的灯光效果、精彩纷呈的节目表演等，在程序化的环节中体现体育文化、体育精神，构建体育狂欢节。伴随着媒介技术的发展，大型体育赛事的覆盖范围愈加广阔，关注人数激增，如何更好地服务于观众，并且调动观众的激情，开／闭幕式的解说就显得尤为关键和必要。

# 第一节　作为"体育媒介仪式"的大型赛事

仪式是人类确定身份认同和群体归属的象征性程序。约翰·费斯克认为,"仪式就是组织化的象征活动与典礼活动,用以界定和表现特殊的时刻、事件或变化所包含的社会与文化意味。"[①] 远古时期,人们以身体作为媒介,舞蹈、比武、大型庆典等成为维系群体纽带的方式。口语传播明确了仪式的指向性,文字的产生则记录并固化了仪式的程序。进入大众传播时代,尤其电视的普及,整合了曾经被文字和印刷品分割的场景,使物理地点和社交关系脱钩,让身处不同空间和时间的人们感到同在和共时。融媒体时代更是继承、延展电视与仪式的关系,并让反馈的即时性丰富了仪式的传播效果。简言之,仪式与媒介是共生关系。"媒介仪式"一词应运而生。而体育作为典型的仪式性活动介入媒介与仪式的互动关系中,则形成了"体育媒介仪式"。董青和洪艳两位学者对此概念进行了精辟的界定。他们认为,"媒介在以体育(包括相关活动)为核心的媒介化传播过程中,设置社会议程,将公众注意力集中在体育事件及其相关活动上,构建'想象的共同体'……促使人们参与构建社会秩序和社会文化的活动。"[②] 所以,通过媒介事件、传播仪式观理论阐释大型体育赛事,有助于深刻理解其内涵,同时对理解开/闭幕式解说的重要性有很大帮助。

---

① [美]约翰·费斯克等:《关键概念:传播与文化研究辞典》,李彬译,北京:新华出版社,2004年,第243页。

② 董青、洪艳:《体育符号——体育传播与国家形象建构》,北京:中国原子能出版社,2017年,第49页。

## 一、作为"媒介事件"的大型赛事

媒介成为仪式的载体,需要具体事件来实现。媒介事件(media events)由丹尼尔·戴扬和伊莱休·卡茨所提出,他们认为我们把媒介事件看成假日——它使某些核心价值或集体记忆醒目。[1]他们把媒介事件分成了"竞赛""征服"和"加冕"三种脚本,以此打破了人们的日常收视习惯,把家庭变成了仪式空间,通过媒介进行节日体检。从更深层次的意义来看,媒介事件是通过媒介技术塑造了"社会中心",并使之自然化,受众在不经意间通过所谓"邀请"的方式介入,加入到为"共时""同在"的狂欢中。两位学者认为,电视使远距离传播成为可能,有助于把事件意义带到起居室,通过受众与仪式的关联性激活事件意义以及意义的价值。在大众仪式的范畴内——一种新的媒介的引入如何能够不仅转化一个"信息",不仅转化反应的性质,而且转化整个社会关系结构。[2]

大型体育赛事是具有强烈表演性和象征性质的体育事件,媒介塑造它为媒介事件后,就改变了人们特别是体育爱好者的正常收视和生活习惯,其已经被纳入到媒介组织谋划的框架中,成为演出的重要部分。大型赛事进行期间,观众感受到的是超出自身接触范围之外的"同在感":没有性别、肤色、种族的区别,超越国家的界限,全部被整合到一种"前进""团结""激情"等和大型赛事相关的意义中去,暂时弥合了社会冲突,制造了社会凝聚力。正如戴扬和卡茨认为媒介事件不能没有观众的反应,在媒介塑造的三种脚本中,观众的反应是:在"竞赛"中为"裁判性",而在"征服"中则为"委托性",在"加冕"中为"习惯性"。[3]此时,观众家庭变成了举行仪式的场所,私人空间向大众空间转变。在媒介的宣传、拍摄、加工、

---

[1] [美]丹尼尔·戴扬、伊莱休·卡茨.媒介事件:《历史的现场直播》,麻争旗译,北京:北京广播学院出版社,2000年,第3页。

[2] 同上,第251页。

[3] 同上,第166页。

传播之下，大型体育赛事被塑造成"神话"，而观众在"神话"中完成"媒介朝觐"，这凸显了媒介仪式的强大威力。

由此可以这样理解，大型体育赛事转播作为重要的媒介事件，"强调的是事件本身，即它的呈现方式和播出形式，而媒介仪式则强调观众参与行为和具体的实践过程。一个是静态的陈述，一个是动态的实践，相辅相成，相互渗透"①。

## 二、作为"传播仪式观"的大型赛事

如果说媒介事件还是从传播效果出发建立的理论，其目的在于强化信息横向位移效果的最大化，所以它属于传播传递观（a transmission view of communication）的范畴，那么传播仪式观（a ritual view of communication）则是强调了在时间轴上文化的传承，从而唤起人们的集体记忆，以维系情感和凝聚社会。传播仪式观最早由詹姆斯·凯瑞提出，他突破了传递观的传统视角，认为"传播是一种现实得以生产（produced）、维系（maintained）、修正（repaired）和改造（transformed）的符号化过程"②。杜威的名句"社会不仅因传递与传播而存在，更确切地说，它就存在于传递与传播中"是凯瑞传播仪式观的直接思想来源。他认为在杜威的论述中存在"共享""参与""交谈"之意，从而在传播过程中以此替代"控制""劝服"等传受不平等的权力传播观。这种新型的本体观为传播学界带来了多元性的思考，也把传播学引向了更宽更深的领域。所谓更宽，是信息传递应受到文化的制约和影响；所谓更深，指信息传递其实是符号互动的过程。而最终，文化符号的共享有助于身份认同和社会关系的

---

① 董青、洪艳：《体育符号——体育传播与国家形象建构》，北京：中国原子能出版社，2017年，第47页。

② [美]詹姆斯·凯瑞：《作为文化的传播》（修订版），丁未译，北京：中国人民大学出版社，2019年，第23页。

弥合。从传递观转向仪式观，是在更加宏大的文化背景下去探寻传播的本质，而避免了研究的重复性。如果说占据传播学主流范式的传递观是为了提供信息、改变态度、说服他人或重视效果以扩大传播的空间，那么凯瑞希望以一种"去控制化"的平等参与去建立共识，以在时间上对社会秩序进行确认和维系。

从传播仪式观理解大型体育赛事，是在体育文化、体育精神的传承中去理解超越赛事本身的内涵。比赛场面和成绩已经不再是重点关注的对象，其只不过是赛事信息空间的位移，而其背后蕴含的人文精神则是跨越时间代代相传，成为指导人们行为、弥合社会关系、构建社会秩序的重要准则。"从本质上说，传播也是基于各种符号与客体的互动、沟通所产生的一种社会和文化仪式"[1]。因此，凯瑞认为，"传播仪式观其核心则是将人们以团体或共同的身份召集在一起的神圣典礼"[2]。例如作为大型体育赛事典型代表的奥运会，其宗旨是"通过没有任何歧视，具有奥林匹克精神的体育活动来教育青年，从而为建立一个和平的、更美好的世界做出贡献。它的基本含义是：试图构架起沟通各国人民的桥梁，增进不同民族不同文化背景的人们互相了解，试图通过富有人文精神的体育运动，在世界各国的青年之间建立友谊的纽带"[3]。带着这种美好的希冀，每四年一次的奥运会成为全世界人民的神圣仪式，真正让人们体会到体育无国界，以体育作为交流沟通的桥梁，广交朋友、消除冲突，助力世界和平。

可以说，以传播仪式观理解大型体育赛事，其作用在于体育创造了共同信仰，以便确认"我是谁"的重要身份认同。这是代际之间文化传承

---

[1] 董青、洪艳：《体育符号——体育传播与国家形象建构》，北京：中国原子能出版社，2017年，第44页。

[2] [美]詹姆斯·凯瑞：《作为文化的传播》（修订版），丁未译，北京：中国人民大学出版社，2019年，第40页。

[3] [法]皮埃尔·德 顾拜旦：《奥林匹克宣言》，《奥林匹克宣言》传播委员会编译，北京：人民出版社，2008年，第116页。

的重要纽带，是弥合社会冲突的重要路径，更是建构和稳定共同体的重要根基。

### 三、作为"媒介仪式"批判的大型赛事

戴扬和卡茨的媒介事件理论的本质在于构建了媒介中心论，以媒介和媒介组织为中心的传播结构符合当时媒介技术的特性。尼克·库尔德里批判性地发展了媒介事件理论，解构了媒介中心化的迷思，找出了媒介中心化隐藏的控制符号资源的权力关系。他认为，"在当代媒介化的社会中，几乎所有可能的'共同行动'都必须通过社会形式（媒介形式）。这些形式与高度不均衡的权力密不可分。"①

媒介仪式的建构也许并不是基于信仰的力量，而是通过表演以及把碎片化的信息拼接来使某种情感、观点更易于被受众接受，以解决埃米尔·迪尔凯姆提出的意义深远的问题——社会如何被整合，来强化社会秩序，使媒介掌控的权力被巧妙地隐蔽地自然而合法。库尔德里指出，"媒介仪式是围绕关键的，与媒介相关的类别和边界组织起来的形式化的行为，其表演表达了更广义的与媒介有关的价值，或暗示着与这种价值的联系。"②这就清楚地表达了"社会中心"是被建构的。由于媒介已经是受众获取超出自己经验范围之外的信息资源最重要的渠道，所以当媒介组织行使议程设置权时并非按照某件事件的真实图景、空间边界来定义，而是抽离了媒介本该恪守的中立性（中立性只是媒介的乌托邦设想，由于复杂的权力与利益的动因，它不会也不可能秉持中立），根据某种价值观念建构能被受众接受的"共识"。例如，媒介建构了大型体育赛事的神话，赛事的宗旨通过强大的媒介中心发出，观众等不及判断便可能接受其观念，使自己的

---

① [英]尼克·库尔德里：《媒介仪式：一种批判的视角》，崔玺译，北京：中国传媒大学出版社，2016年，第23页。

② 同上，第33页。

思维方式和行为准则发生改变。这样以控制的手段去除了不同的声音，是不利于体育运动的良性发展。

由于库尔德里发现了媒介中心论的权力问题，所以他希冀的传播模式为网状结构，以多中心缔造多个发声的平台，来解除权力的强大作用。按照他的构想，"建立让话语可以流向任何方向的有阻力的通道……这样的网络并不是一个组织结构……也没有一个中央司令部或者等级构架。我们就是这个网络，每个人既听又说。"① 以此，媒介能真正担负起联结公共世界的职责，承担更多的社会责任，传播事实真相，为公共行为而非私人的目的建构仪式的空间与边界。由媒介建构大型体育赛事事件，不应只是受众被动参与的赛事，应该是本着"大家一起，共同关注"的盛事，这样才能百花齐放，助力赛事的良性运转。可以这样理解，库尔德里的希冀符合了当前融媒体时代的传播模式，用户内容生产和专业人员的内容生产融合，用户反馈发声的机会和平台增多，同时多中心和去中心化的传播特点成为用户接近事实真相提供了重要条件。简言之，融媒体做到了每个人"既听又说"。库尔德里的希冀和当前语境结合，为理解当前大型赛事开/闭幕式解说的风格特点走向多元提供了思路。

## 第二节 媒介技术对大型赛事开/闭幕式解说的影响

媒介技术的发展推动了体育解说风格的变化，对开/闭幕式来讲也是一样。在大众传播时代，"文言体"解说占据了主导位置。而随着互联网技术的普及，尤其是移动传播技术的应用，传统主流媒体向网络融合的趋势已常态化。在这种背景下，"文言体"解说也发生了相应改变，以用户

---

① [英]尼克·库尔德里：《媒介仪式：一种批判的视角》，崔玺译，北京：中国传媒大学出版社，2016年，第158页。

心理和情感需求为核心进行调试，白岩松所尝试的"白话体"解说更"接地气"，更加适应媒介融合的发展。

## 一、大众传播视域下的"文言体"解说

大型赛事尤其是奥运会，从传播属性来讲，属于体育文化、体育精神等层面的传播。但不可忽视的是，其包含了世界各国、地区、组织之间的互动，同样具备政治、经济、文化传播的属性。也就是说，因为大型体育赛事转播中内嵌这些元素，所以在开/闭幕式的解说中就会以此作为重要的传播内容。在媒介融合成为趋势之前，传统主流媒体在相当长的时间内对大型赛事转播占据主导，其喉舌作用也使得开/闭幕式解说承担了国家宏大叙事的职责。我们以中央电视台在2008年北京奥运会开幕式解说为例。

从解说词中可以看出，"奥运会开幕式表演集中反映了所处时代世界政治经济形势，文化艺术潮流，科技进步和承办国的国际地位、经济实力、文化传统和演艺风貌。"[1] 作为解说，语言风格、语气节奏、语态面貌都要与其相匹配。所以，"文言体"解说在很大程度上契合了大型赛事的内涵。结合上述解说词来看，"文言体"解说有以下几个特点：

第一，解说语言对仗工整。"文言体"解说语言书面语成分较重，辞藻华丽，词义隽永。所以，对仗工整是"文言体"解说的一大特色，传递出非常高的审美格调。例如"第一篇章 击缶而歌"中女声解说："夜空璀璨，缶声震天。颂歌飞扬，情谊无边"的词语，短短十六个字，四字组成一个短语，共分四组，合辙押韵，写景抒情并举。既表现了今夜有重大事件发生，又体现了事件发生时人们的喜悦之情。再比如"第二篇章 历史足迹"中男女搭配解说："男：七年前，当中国人把申办报告交给国际奥委会的时候，就把绿色奥运、科技奥运和人文奥运的承诺交给了世界。女：七年后，中

---

[1] 肖红、肖光来：《现代奥运会开幕式表演的历史变迁、机制和启示》，《北京体育大学学报》，2015年3月，第29页。

轴路上新生的鸟巢和郁郁葱葱的奥林匹克森林公园,成为了庄严的天安门广场最快乐的伙伴。""七年前"与"七年后"进行对仗,后面基本以相同的字数进行呼应。前一句回顾历史,后一句关照当下,历史的厚重感由此而出,同时历史发展的动态也在双人解说的勾勒中展现出来。

第二,解说文字用词考究。因为"文言体"解说汲取了书面语的精华,所以用词精准、考究是保证解说语言恢宏大气的基础。例如"第四篇章 画卷"中解说:"在清雅的古琴声中,我们看到了一幅画作产生的完整过程——纸张制作、落墨着色、装裱成轴。今晚的故事就将从这飘逸婀娜、变化万千的中国画卷开始。"这句话中以四字词表达场景,尤其是"落墨着色"表现出大处着眼,举重若轻;"飘逸婀娜"表现出中国画卷的轻灵生动。再例如"第五篇章 文字"中解说:"整个活字印刷板如微风拂过,层峦叠嶂;如水波涌动,此消彼长。充满动感的表演,将为我们呈现中国汉字的演化过程。"这句话把节目中呈现的活字印刷版比作"微风"和"水波",立体地呈现出印刷版的样态。微风什么样,水波什么样,解说词中非常考究地使用"拂过"和"涌动"作为谓语,后面继续辅以形容状态的词语——"层峦叠嶂"和"此消彼长"以深入描绘,以四两拨千斤之功力把节目效果刻画得入木三分。

第三,解说风格沉着稳重。传统主流媒体在大型体育赛事开/闭幕式转播时,对解说的要求核心在于"稳"。"稳"体现于两个层面:一是不出错;二是风格稳重大气。这里不得不提到一位著名的体育解说员——孙正平。他非常好地诠释了解说大型体育赛事开/闭幕式对于"稳"的要求,韩乔生甚至送他一个绰号——"孙开闭"。2008年北京奥运会时,孙正平被领导指定为开/闭幕式的解说员,可见其重要。他在解说时,语速适宜,庄重大气,声音中透出厚重的历史感,很好地展现了中国作为具有5000多年历史的文明古国的气度和风貌。这种"唯稳式"解说的"最大价值体现在政治层面,而若将此价值最大化,作为从业者就必须在解说评论工作中'时刻紧绷政治这根弦',这样的开闭幕式解说评论基本上是不会出现所谓'纰漏'的,其衍生价值还可体现在对从业者自身的职业生涯保护等方面。"①

第四,解说契合"媒介中心论"。所谓"媒介中心论"是指媒介作为信息采集、筛选、加工的机构、组织、渠道,单向地向受众进行信息传递,从而"神话"其身份,成为社会信息发布的"中心"。而电子媒介技术推进了"媒介中心论"。电子媒介根据线性的传播特点组织信息,不注重反馈机制,以单向灌输为主;作为受众,接触信息的渠道有限,只能通过电子媒介了解个体经验和感知之外的信息。两种因素共同缔造了媒介的"神话",媒介作为社会信息发布"中心"的位置不可撼动。在这样的背景下,传统主流媒体必须以其权威性、专业性和可信性来维护"中心"的位置,所以在大型体育赛事转播开/闭幕式解说中使用"文言体"解说词再配合"唯稳式"解说就不难理解其中之意了。所以说,分析一种解说风格必须将其放置到其产生与发展的历史环境和背景中去提炼价值。

## 二、媒介融合视域下的"白话体"解说

随着互联网技术催化下的媒介融合,"媒介中心论"被打破,去中心化成为当前新媒体的重要特征。传统主流媒体与新媒体融合,以用户需求为核心的内容生产与分发逐渐占据主导地位。在此背景下,"文言体"解说词和"唯稳式"解说风格虽然还在大型体育赛事开/闭幕式中留存,但很难满足当前用户需求,亟待一种适应当前媒介技术发展的解说风格出现。于是,"白话体"解说应运而生。所谓"白话体"解说,是中央广播电视总体著名主持人、评论员白岩松以其诙谐幽默、平易近人、朴实自然、富有哲理的风格塑造的解说体例。我们以2016年巴西里约奥运会开幕式中白岩松的解说为例,来分析"白话体"解说的特征。

---

① 张德胜、武学军主编:《体育解说评论》,武汉:华中科技大学出版社,2018年,第153页。

从解说词中可以看出,"白话体"已然和"文言体"解说尽管在解说方法层面同样都遵循了描述、解释和评论的原则,但在语言和解说风格中存在较大差异。这是随着媒介技术变迁而带来的变化,更是在这种变化中"人"作为主体性增强的表现。结合上述解说词来看,"白话体"解说有以下几个特点:

第一,解说语言亲民化。"白话体"解说最大的特色就是语言"接地气"。语言更加口语化,"说"的感觉更加浓厚,突出了交流感。例如,"这姑娘的自行车哪儿去了?估计是自行车链子掉了""我觉得中国代表团的西红柿炒鸡蛋的服装还可以吧?""自行车链子掉了"是日常百姓生活非常熟悉的惯用语,字里行间透漏出"人间烟火气",让观众看开幕式就像自己家里举办聚会一样。"西红柿炒鸡蛋"的比喻是把中国代表团出场服中的中国元素与中国的家常菜进行嫁接,形象生动。这样既突出了"红"和"黄"作为传统中国色彩元素的视觉效果,更展现了中国气质——低调与亲和。可以说,解说语言亲民化增加了信息的温度,把大型体育赛事开幕式的庄重感与观众日常生活联系起来,消除了空间距离,让时间维度上的历史文化元素在沟通对话的传播样态中与观众产生共鸣。

第二,解说文字故事化。体育解说其实是在讲一个由比赛时间决定的故事。故事讲得好,就吸引观众。如果说"文言体"解说文字用词考究,讲究对仗工整,那么"白话体"解说则是追求解说故事化,尤其是参赛国代表团入场时,故事化解说可以突出每支队伍的个性化特征。例如,在黎巴嫩代表团入场时,白岩松说:"黎巴嫩1972年已经派出女子运动员参加奥运会。黎巴嫩奥运会的官员表示,黎巴嫩男人都需要工作养家糊口,没有功夫训练,而女子的训练时间可以保障,这才是对奥运的真爱啊!"这样的小故事不但完成了运动代表团入场时解说的基本任务,更重要的是,把黎巴嫩参加奥运会的相关历史信息以故事的方式讲出来,普及了观众对该国家参赛的认知。再例如爱沙尼亚代表团出场时,白岩松说:"在奥运会120年历史上,有不少双胞胎参加比赛,但是没有三胞胎。今年爱沙尼亚改变了这个历史。在爱沙尼亚队伍中,有三胞胎姐妹,她们将参加马拉松比赛。天哪,参加马拉松比赛,如果她们一人只跑一段,还以为是一个人跑的呢!"这段文字中突出了爱沙尼亚参赛队伍的一个鲜明特点——三胞胎参赛马拉松,打破了只有双胞胎参赛的奥运会历史。尽管爱沙尼亚论人口和国土面积规模小,但这一鲜明特点让观众很容易记住这个国家和这支参赛队伍。

第三,解说风格幽默化。幽默产生的娱乐性,解除了观众收视过程中的疲劳感。所以体育解说幽默化正是给相对时间较长和枯燥的体育赛事注入了活力,激活了观众的娱乐天性。例如说到新加坡时,白岩松说:"新加坡乒乓球水平很高。说起来很有意思,奥地利选手刘佳,中国选手张怡宁,新加坡选手李佳薇都是北京什刹海体校出来的,她们都很熟,或者什刹海体校可以改名叫'什刹海国际体校'了。"这段解说把新加坡的乒乓球水平为何高的原因用一种幽默"范儿"表达出来,因为以新加坡乒乓球核心人物李佳薇与中国著名选手张怡宁师出同门——什刹海体校,所以白岩松戏称其为"什刹海国际体校"无可厚非,实则是形容这所体校"桃李满全球"。再例如说到吉赛尔·邦辰,白岩松把其与姚明作比较,两人"都出生于1980年,那真是一个神奇的猴年,(两人都是)身高很高、收入很高"。这意味着1980年那个猴年人才辈出。

第四,解说契合"去中心化"的传播模式。方兴东等人认为,"人类社会信息传播范式正是从自上而下、集中控制、封闭式的大教堂模式走向自下而上、分布式自组织、开放式的大集市模式"。①也就是说,进入互联网时代,单向传播的窠臼被打破,议程设置权下放,人的社交性回归。传播模式也由曾经的"媒介中心化"转向"网络节点化"。"文言体"解说符合了媒介中心化的传播模式,重视"传",但往往忽视"收"。尽管"白

---

① 方兴东、张笑容:《大集市模式的博客传播理论研究和案例分析》,《现代传播》,2006年第3期,第68页。

话体"解说仍旧是搭载传统主流媒体的传播,但"白话体"解说契合了当前媒介融合的趋势,以观众或用户为立足点,以对话、交流和沟通的语势语态力求实现传播过程的平等性。白岩松经常会在解说中运用设问、疑问、感叹的句式,以此留给观众思考的空间。例如,聊到巴哈马,他说:"巴哈马位居人均奥运奖牌榜的首位,为什么?因为它人少,每15万人就拥有一块奥运奖牌,服气吧?"他运用问句旨在引起观众的注意——别看巴哈马人口少,但"人均拥有奥运金牌"比例不小。这种对话式的解说显示了平等性,体现了"我在说,你们在想"的交流特点。

以"文言体"与"白话体"解说作为比较,有助于我们了解媒介变迁对大型体育赛事开/闭幕式解说的影响,有助于我们了解融媒体语境下的解说方法,这也是下节集中探讨的内容。

## 第三节　大型赛事开幕式的解说方法

王群和徐力在《电视体育解说》中,提到大型赛事开幕式解说的七个注意要点,也可以说是七项原则:时刻注意舆论导向、时刻注意情绪控制、时刻注意言之有物、时刻注意心中有人、时刻注意宁白勿抢、时刻注意自己的身份、时刻注意深入浅出。在融媒体语境下,这七项原则依然适用,在其统领下有助于我们展开对大型赛事开幕式解说方法的探讨。

### 一、解说方式要平易近人

在播音学中,"文言体"解说属于播报式解说。从1984年到2008年的奥运会开幕式,基本采用了"文言体"解说的方式。这种解说的方式没有突出"说话"的感觉,所以在一定程度上弱化了与观众的联系。融媒体语境下,媒介与人的物理性区隔被打破,人与人的关联进一步平等化,所以自然平和、平易近人的聊天式解说越来越受到欢迎,尤其是在2010广州亚运会上,白岩松首次推出"白话体"解说。这种解说突出了"与你聊天"的感觉,拉近了与观众的距离。可以说是传统主流媒体走向媒介融合时话语变迁的一种尝试。例如对开幕式中的现场表演,白岩松说:

> 好,如果这个节目的速度和节奏,你觉得已经心跳加速的话,你做好准备迎接下一个节目了吗?这个节目总导演只做了这样一个推介,如果演完了之后您是鼓掌,这个节目就失败了,只有您尖叫,它才是成功的。(录自2010广州亚运会开幕式的体育解说)

曹曼江认为,这种类型的解说体现了"解说员与受众是平等的关系,要让受众感觉到解说员是在对他'说',而不是'讲'。在这方面,白岩松版自然平和的解说风格大受推崇,没有激动的情绪,娓娓道来,给人一种面对面解说的感觉,亲切幽默,贴近观众"[1]。

## 二、"穿针引线"要灵活多样

体育解说员的基本职能就是对赛事的"穿针引线"。在大型赛事开幕式中,解说员要引领观众观看,所以语言不能采用慢条斯理和一板一眼的风格,应随着场面而灵活多样。在2012年伦敦奥运会开幕式中,白岩松金句频出,"穿针引线"灵活自然,幽默风趣,让人提神。例如在"007"克雷格从直升机上"空降"伦敦碗时,白岩松说:"请相信跳下来的那个是替身,但007是真的。"当大屏幕预报了"天气晴朗"后,现场却出现降雨的画面,白岩松说:"看来在任何一个国家,天气预报都不靠谱。"同时,在"穿针引线"时,白岩松还能做出富有哲理的点评,让语言更加富有魅力。例如在评述奥运精神时,他说:

> 更高指的伦敦市长的吊索出现问题被卡在空中,跟

---

[1] 曹曼江:《伦敦奥运会开幕式解说风格分析——以白岩松与CCTV-5版为例》,《青年记者》,2012年第35期,第50页。

所有奥运会主办城市的市长比他更高。更快指的裁判改判更快，但这还不算，还是主火炬圣火熄灭得更快，哪有点燃主火炬熄灭一回再点燃，再等到闭幕式当晚熄灭的呢？人家伦敦奥运会一共闭幕两次，多不容易。更强指的是人家一万八千二百名军人负责安保，其中相当一部分除了参加安检，有空座的时候军人也得去充当临时看客，这确实是只有在英国才能出现的别样风景。这届奥运会找优点容易，尽管找缺点比找优点更容易，但我们可以去忘记它。（录自 2012 伦敦奥运会开幕式的体育解说）

可以说，白岩松的"穿针引线"，是"串联场面+延伸新闻价值"的融合，在满足观众对基本信息的需求同时，也在引申信息，给观众带来思考，使其更加深入地了解信息背后的含义。

### 三、故事讲述要生动形象

体育解说员是一位"讲故事"的人。讲故事是媒介叙事的重要内容，是画面语言转为口语传播的关键途径。随着媒介技术的演进，故事的可听性影响着用户的感知，决定了其是否留在该平台继续把赛事看完。这符合了美国传播学者威尔伯·施拉姆提出的信息选择的或然率：选择的或然率 = 报偿的保证 / 费力的程度。也就是说，从听觉习惯讲，故事听起来不费力，所以观众很容易接受这类信息。大型赛事解说的开幕式仪式感强、演出时间长，解说员如果不能以"讲故事"的角色对待开幕式，很容易在口语传播过程中出现没有对象感的问题，使其与观众无法消除距离感。白岩松在大型体育赛事开幕式中化身"段子手"，讲述一个接一个的故事，让观众乐此不疲。例如在 2016 巴西里约奥运会开幕式现场，他讲道：

比利时有个设计师起诉了东京奥运会会标的设计者，说他抄袭了自己的设计，但是年初的时候这位设计师放弃了诉讼。他们并不是达成了和解，而是他认为诉讼价格太贵了，即使赢了，还是亏了。

巴西是日本移民和后裔最多的国度，因此日本在这届奥运会上拥有半个主场的便利，但是日本运动员可能过几天就会体会到，即便有那么多的日本后裔和移民在巴西，但巴西的日餐可真不正宗啊。（录自2016巴西里约奥运会开幕式的体育解说）

这样的故事不仅形象地展现了不同参赛国家的情况，更是符合观众的听觉习惯，难怪有些观众听完"白话式"解说反馈道："白老师把本来枯燥的运动员入场式说'活'了，把我成功地从厕所里拉了回来。"

### 四、情绪渲染要拿捏到位

前面提及，媒介把大型体育赛事开幕式塑造为重要的媒介事件，使其具有仪式性。这种带有仪式感的开幕式现场凸显了五湖四海归于一家的欢聚情绪，所以作为体育解说员，在符合解说倾向性原则下要把这种情绪渲染到位。这种解说是唤起共情的解说，是让身处不同国家、地区、民族、种族的人们达成对体育精神的共识，以达到求同存异，和谐共处。所以，从更深的层面讲，大型体育赛事转播与解说承担着体育精神、体育文化的全球传播的作用。吴飞认为，"当理解受阻，共识难达，承认无望，分配的正义亦有障碍，那么人类首先建立一种与他者共在的理念，并努力发展共情的关爱，将有利于解决全球传播中'对空言说'的传播困境。"[①]那么如何做到合适、合理的情绪渲染，就必须要言之有物。空话套话是虚情假意，言之有物才是真情流露。例如在2010广州亚运会开幕式，白岩松在结尾时说：

---

① 吴飞：共情传播的理论基础与实践路径探索[J]，新闻与传播研究，2019年第5期，第72页。

　　　　在圣火当中，在焰火当中，可能很多中国人的思绪
　　　　会回到20年前的北京亚运会，在想这20年国家发生了
　　　　怎样的变化，而我们每个人又发生了怎样的变化。其实
　　　　回忆过去，不如更多地开始好奇未来。从现在就开始好
　　　　奇，20年后广州会怎样，中国会怎么样，而我们每个人
　　　　又会怎样？好运广州，好运中国，好运每个人。（录自
　　　　2010广州亚运会开幕式的体育解说）

　　白岩松富有哲理的解说呼应了对历史的回顾，言出了"物"——未来如何，以及每个人的未来如何？举办城市广州，举办国家中国，以及这个星球上的每个人，未来都要好运。这是一种祝福，更是一种博爱，引发共情，搭建共识，促进了体育的全球传播。

## 第四节　大型赛事闭幕式的解说方法

　　在成规模的大型体育赛事结束时，会有一个简短的仪式性的程式化环节，这就是闭幕式。相对于开幕式而言，闭幕式时间短，文艺表演节目数量少，但其欢乐气氛更加浓厚。作为闭幕式的解说，由于经历了整个赛事的跌宕起伏，就如同一场大"秀"的收尾，从表达层面上讲，语言自然活泼，要有一种如释重负的感觉；从情感层面讲，解说员要把狂欢愉悦和依依惜别两种情绪渲染到位；从放眼未来上讲，解说员为下次该赛事的举行埋好伏笔——本次赛事的结束不是终点，而是征程的一个节点。

### 一、语言表达要轻松活泼

　　张德胜和武学军等人主编的《体育解说评论》中，在谈及大型赛事闭幕式的解说语态时，他们认为"一场重要体育赛事中，经过若干项目、若干场次的比赛顺利顺利结束以后，解说员一般从心理上会与举办方一样有种'如

释重负'的轻松感。正是由于这种源于心理上的自我放松，在对闭幕式的解说评论过程中，自然而然会在语态面貌上呈现轻松愉悦的欣慰感。"① 在赛事比拼中的压力在闭幕式中得以释放，成绩不再是衡量运动员与运动队的标准。相比于开幕式的庄重，闭幕式解说要显得轻松活泼，同时总结性语言的使用更加频繁。例如白岩松在 2010 年广州亚运会闭幕式上说：

> 本届运动会上，中国代表团获得了 199 枚金牌，距离 200 枚金牌仅差了一枚，有些人似乎认为有些遗憾，但实际上这又何尝不是一种完美。如果真夺得 200 金，对亚洲其他国家和代表团来说无疑是又一个额外的压力。广州亚运会的 199 金，看似比 1990 年北京亚运会的 183 金要多，但用百分比去衡量，20 年前中国拿到了全部金牌的 59%，几乎是垄断，但本届比赛我们拿到的金牌数不足 42%，这说明整个亚洲的体育都是在进步的，这一点非常重要。（录自 2010 广州亚运会闭幕式的体育解说）

白岩松的这段解说，既是对本届赛会中国代表团成绩的总结，也是对整个亚洲体育水平进步的总结，同时辅以轻松的语态，给观众留下深刻的印象。

## 二、狂欢与惜别要渲染到位

前文提及，开幕式解说情绪要拿捏到位，闭幕式依然如此，因为情绪是引发共情、共鸣的催化剂。闭幕式是一届大型体育赛事的情绪燃放的顶点，狂欢气氛浓烈。体育解说员此刻应化身"煽情者"，煽动观众对赛事及运动的热爱。例如 2008 北京奥运会闭幕式中美国 NBC 的解说员说：

> 正如马拉松是奥运会的结束项目一样，我们的转播

---

① 张德胜、武学军主编：《体育解说评论》，武汉：华中科技大学出版社，2018 年，第 157 页。

马拉松也要告一段落了。超越这些充满戏剧性的体育比赛之上，奥运会也在同一时刻向全世界展示了一个城市、一个国家的面貌。这一次是更引人注目的，因为不仅在这一刻，也在可以预见的未来，中国的崛起和进行中的转变是一个全球性的话题。在这个还在展开的故事中，这次奥运会是一个里程碑。历史会告诉我们，这次奥运会是否为中国提供了信心，不仅是继续发展壮大的信心，也是解决很多重要社会问题的信心。我们知道，这是一个幅员辽阔的国度，人民生活千差万别，而它的历史又是那样悠久而沉重，这些不是一个普通观光者可以完全把握的。但我们不需要一个国际关系的研究生学历也可以从这次盛会中感受到中国人民发自内心的热诚，和他们对祖国的最诚挚的骄傲。每一个中国人，从著名的奥林匹克运动员到每一位公民，都在认认真真地向全世界展现他们自己。①

  同时，在狂欢中，人们为即将结束的盛会而恋恋不舍，所以解说员也是透出惜别之情。例如2008年北京奥运会闭幕式中美国NBC的解说员在最后说道："这次赛事从张艺谋那震撼人心、构思大胆而完美实施的开幕式开始，从而为同类活动设下了一个无法逾越的标准。而今晚，随着更多的精彩表演，大幕徐徐垂下。全世界的人来到了北京，全中国人向世界展现了自己。你不需要懂普通话就可以理解这点。我很幸运地参与转播了很多令人怀念的奥运比赛，而从各种角度来看，这届奥运会是最令人难忘的。很多人日以继夜地努力工作从而能把这样的一次奥运会带到千家万户。我向我的同事们致以崇高的敬意。他们的名字将伴随着美丽的中国画面和在

---

① NBC 的奥运闭幕式解说词，https://www.19lou.com/forum-194-thread-13201314-1-1.html。

过去十七天伴随你我的一幕幕奥运镜头出现在电视上。最后一次,我们从中国说,晚安。"① 惜别之情是随着大幕落下而自然产生的伤感情绪,观众会有一种"时间太快了""还要等×年"的情绪。这种情绪经过解说员的渲染、烘托、放大,深化了"团圆"的含义,强化了人们之间的联系。

### 三、为再次欢聚埋好伏笔

观众对于大型赛事的闭幕,除了狂欢与不舍外,还有一种期待。这种期待是更高层次的心理活动,是对下次赛会举办地的期待,也是对自己喜爱的运动员、运动队下次成绩的期待,更是对整个媒介事件的期待。体育解说员要在闭幕式解说中注意到这种情绪,要为再次欢聚埋下伏笔,以渲染观众以及运动员的期待,从而升华为对整个世界体育发展的期待。例如在2008年北京奥运会的闭幕式中,解说员最后说道:

> 2008年北京奥运会是体育运动的盛会、和平的盛会、友谊的盛会。朋友们,熊熊燃烧的奥运圣火即将熄灭,但中国人民拥抱世界的热情之火将永远燃烧。在这个时候,我们希望朋友们记住充满生机与活力的北京和各协办城市,记住钟情于奥林匹克运动的中国人民,记住永远微笑、甘于奉献的志愿者。让我们真诚地祝愿奥林匹克运动不断发展。(录自2008年北京奥运会闭幕式的体育解说)

这段解说词中,解说员首先点明北京奥运会即将落幕,这次盛会属于体育运动、和平和友谊的性质。圣火虽然即将熄灭,但中国人民乃至世界人民对体育运动,对奥林匹克的热爱之火将越燃越旺,奥林匹克运动一定会大有前途。这样的解说就把观众的思绪拉到了未来四年的举办地——伦敦。他们期待伦敦奥运会的到来,将是体育界的又一次盛会。那么伦敦奥

---

① NBC的奥运闭幕式解说词,https://www.19lou.com/forum-194-thread-13201314-1-1.html。

运会是怎样的，会呈现哪些和北京奥运不一样的元素，运动员们将会有哪些更加精彩的表现以体现奥运精神？解说员做好了伏笔，让观众不留有遗憾，四年后还会相聚，因为——奥运精神永存。

  大型体育赛事的开/闭幕式的解说是体育解说的重要环节，也是院校人才培养的重要内容。随着媒介技术的变迁，解说方法、语言风格、表达特点都会有相应的变化。但在这里必须加以说明的是，"文言体"解说不会完全退出历史舞台，它的精华部分，例如辞藻优美和善于用典的文字特点，庄重大气和语言规范的解说风格，融入进当前媒介技术驱动下的大型开/闭幕式解说中，仍然可以为其继续提供鲜活的动力。可以说，传统主流媒体的"文言体"解说，与符合融媒体语境的"白话体"解说进行融合，是大势所趋，更是切中媒介融合的题中之义。

# 第四章 "三大球"项目的体育解说

本章选取了"三大球"——足球、篮球和排球。这三个项目的共同点在于"两高一多"——世界关注度高,赛事转播收视率高,参与人数多,而且都属于技能主导类项目,除此之外,这三个项目也表现出些许不同特征,所以进行解说时也呈现出不同的特点。

## 第一节 足球项目的解说

### 一、足球项目简介

足球运动最早可以追溯到中国古代的蹴鞠，到唐宋时期已经非常流行。这项运动经阿拉伯人由中国传入欧洲。1985年，时任国际足联主席的若昂·阿维兰热就强调足球起源于中国的说法是不可争议的事实。2001年，时任国际足联主席的约瑟夫·布拉特再次强调足球起源于中国的说法。在2005年的国际足联成立百年庆典的闭幕式中，中国的山东省临淄市被正式宣布为世界足球起源地。足球被传入欧洲后，尤其是在英国有了长足的发展。1857年，在英国成立了世界第一支业余足球队——谢菲尔德足球俱乐部。1862年，在英国成立了世界上第一支职业足球俱乐部——诺茨郡足球俱乐部。1863年10月26日，在英国伦敦女王大街的弗雷马森酒店成立了世界上第一所足球协会——英格兰足球总会，它标志着现代足球的诞生。同时，这一天还被称为"现代足球日"。

足球运动是世界上最受世人关注的运动之一。欧洲五大联赛（西甲、意甲、法甲、英超、德甲）、欧洲冠军杯等赛事都是人们日常尤其是周末观看的首选赛事。四年一次的世界杯足球赛，被称为"小奥运会"，是全世界球迷狂欢的节日。以2018年俄罗斯世界杯为例，国际足联官员报告显示，"共计有35.72亿人次观看了2018年世界杯，世界杯一共有64场比赛，场均观众人数达1.9亿。决赛法国对克罗地亚的比赛是本届世界杯观众人数最多的比赛，全球观众达5.166亿。"[①]足球运动在我国也受到热捧，2018年世界杯"中国有6.557亿人次观看本届世界杯，占总数的18.4%，

---

① 《遥遥领先！世界杯收视报告：中国6.5亿人观看全球第一》，https://sports.163.com/18/1226/11/E3USH2IT00058780.html。

高居第一名"[①]。如此热度的运动，足球解说的从业人数相较其他运动也很庞大，并且在院校培养中，发现很多在校学生也立志未来能够从事足球解说的工作。所以，对足球解说的探讨是体育解说不可或缺的一环。

## 二、足球项目的特点

可以说，足球是一项拥有悠久历史的运动。从起源到现代足球的诞生，再到其设备、赛制与规则的不断完善与发展，形成了如下几个特点：

第一，对抗性强。足球比赛分为11人制、7人制度和5人制。一般情况下，大家关注较多的是11人制比赛。两军对垒，双方各派11人先发进行对抗，以攻破对方球门为目标，以最终谁进球多来断定胜负或平局。比赛过程中，双方因为争抢皮球常有发生肢体碰撞和球员倒地的情况。所以说足球比赛的对抗性强。

第二，比赛时间长。足球比赛常规时间为90分钟，分为上下半场各45分钟。如果因赛事需要，会出现补时、加时、点球决胜的情况。这说明足球比赛耗时长，运动员体能消耗大。据资料显示，在1946年3月30日，在一场英格兰丙级联赛北区杯赛的重赛中，斯托克港队对阵唐卡斯特流浪者队，比赛进行了3小时23分钟，双方仍未分出胜负。这是现代足球用时最长的一场比赛。

第三，战术较为复杂。足球比赛双方为获得胜利，场上球员需要各司其职，不能一盘散沙。所以阵型就变得非常重要。"4-4-2""3-5-2""4-5-1""4-3-2-1"等阵型需要根据球队打法由教练员或教练组做出安排，球员根据各自位置进行比赛。并且在比赛过程中，球队阵型并非一成不变，而是根据场面的需要，教练员通过场外呼喊、中场休息训导或换人等方式进行布置。

---

① 《遥遥领先！世界杯收视报告：中国6.5亿人观看全球第一》，https://sports.163.com/18/1226/11/E3USH2IT00058780.html。

第四，偶发性事件频出。由于足球比赛时间长，场面争抢激烈，所以偶发性事件出现的概率就高。例如禁区内有对方球员摔倒，是否要被判罚点球；双方争抢时有球员摔倒，到底是谁犯规；裁判何种犯规需要出示黄牌或红牌等。偶发性事件的出现，既增加了比赛过程中的不确定因素，又提升了观众观看比赛的兴致。

### 三、足球项目的解说方法

足球运动的特点决定了其解说的方法，主要体现在四个方面：场面描述要精炼、专业术语使用要准确、进球时情绪要有所控制、数据选择要恰当合理。

#### （一）场面描述要精炼

足球比赛因其对抗性强，整体节奏快，尤其是众星云集的洲际大赛或国际大赛，攻防转换速度快，所以，足球解说员在比赛中对场面的描述要运用精炼的语言，以短句子为主，切勿拖泥带水，拖沓不前，这样就会很容易出现解说与比赛脱节，由此造成声画不统一的问题。例如2016—2017赛季欧冠1/8决赛次回合中，巴塞罗那6:1大胜巴黎圣日耳曼，在补时阶段巴塞罗那绝杀，足球解说员詹俊精炼的描述让人回味良久。他说：

> 埃梅里还有一个换人名额，换上波兰中场——克里波格兹克，过往也是在塞维利亚踢过球的球员，撤下了现在改打右前卫的默尼耶，巴萨今天拿到了16次的射门，进了5个球，可惜有一个丢球，乌姆蒂蒂，奥利耶，犯规了，最后两分钟，梅西，9万多名的现场观众，都在等待，特而是特根也上来了，梅西来处理，看看在禁区里面，高度不够，还有机会，特而是特根争到了第一落点，内马尔，做了一个假动作，再搓起来，这次，球，进了！奇迹，绝杀，巴萨绝杀，6:1，奇迹真的上演了，你怎能不爱足球啊，欧冠史上，第一次的翻盘奇迹，今天在诺坎普球场上演，

最后挑这脚真的打进了，替补上场的罗贝托真的完成了绝杀，不可思议，大逆转，在补时的第5分钟出现，内马尔把球搓起来，罗贝托没有越位，垫射破门，奇迹就这样在诺坎普诞生了。（录自2016—2017赛季欧冠1/8决赛次回合巴塞罗那对阵巴黎圣日耳曼的体育解说）

詹俊的这段解说，以短句子呈现，语言简洁，清晰明了，层层递进，同时辅以对场面相关的解释，让观众伴随着解说一目了然。解说员不可能把场上所有发生的情况都描述出来，但是必须把此时此刻最重要的场面进行描述，这就需要一条主线作为描述的标准。同时，描述是随着时间的推进与空间的变化而进行的实时解说，但在描述后需要对其进行解释或总结，让观众对此加深印象。上述这段解说的主线是"谁——在干什么——结果是什么——结果的意义——出现结果的原因"。所以，在这里对足球解说员而言，对场面描述也提出了具体要求：语言精练跟得上画面，解释说明一针见血。

### （二）专业术语使用要准确

对任何一项运动的解说而言，专业是考量一位体育解说员最基本的素质之一。没有专业性，就无法准确地解说比赛，也就不可能带领观众看懂比赛。足球比赛的规则、战术较为复杂，术语相对较多，所以专业术语使用准确，既是考验一位足球解说员的基本功，也是其长期积累的结果。例如2017—2018赛季欧冠1/4决赛首回合，皇家马德里对阵尤文图斯，詹俊解说道：

德西利奥，科斯塔，左路，阿萨莫阿，这个传中球啊，线路已经被对方堵到了，想走外线，但直接出了底线，虽然尤文图斯在意甲是丢球最少的球队，但这个赛季进入到欧冠淘汰赛，丢球还是比较多的，两场对热刺，丢了三个球。（录自2017—2018赛季欧冠1/4决赛首回合皇家马德里对阵尤文图斯的体育解说）

这段解说使用到的术语有"左路""传中""外线""底线"等。这些术语到底是什么意思、在什么情况下使用、使用后是否达到既定效果等，都是体育解说员临场需要作出的研判。例如"传中"是处于边路球员对门前抢点球员的传球，"左路""右路"是相对于每一方进攻和防守的方向判断，"底线"与"边线"是对球场范围而言划定的界限，看似最基本的术语，但都需要解说员长期积累才可以在解说时第一时间毫不迟疑地判断并解说出来。

### （二）进球时情绪要有所控制

足球比赛时间长但进球少，有时候还有可能出现双方零比零平局收场的情况，所以一旦进球，进球一方都会异常兴奋，甚至是疯狂地进行庆祝。作为足球解说员，由于已经融入到比赛中，当看到进球时也会产生愉悦的情绪，自然也会通过语言描述表达出来。足球是充满激情的运动，解说员的风格是激情澎湃型的，其情绪有时候随着比赛的实时情况而变化。比赛的焦灼，甚至最后一刻才分出胜负的情况随时发生，观众早已紧张的心和纠结的情绪终于可以得到释放，解说员也是人，也会受到这种情形的感染，也可以适当释放自己的情绪。例如中国的足球解说员通常会说"球进了！"。在2010年南非足球世界杯比赛中，著名足球解说员刘建宏，在多场比赛球员进球后，他就会创造性去说"球进啦……进啦，进啦，进啦，进啦……"重复"进啦"，而且还把最后一个"进啦"的语调拖长，这样就能更加强调进球对于球队的重要程度，渲染现场气氛，引发观众的共鸣。再如南美的足球解说员通常在进球后会拖长声音，高呼"Goal——Goa——"。

在这里需要说明的是，不管解说风格如何创新，一定要把握分寸，过犹不及。例如2017—2018赛季欧冠1/4决赛首回合，皇家马德里对阵尤文图斯，在比赛进行到第63分钟时，克里斯蒂亚诺·罗纳尔多打进一记惊世倒钩，解说员詹俊说道：

> 看看C罗，面对布冯，回给了队友，巴斯克斯啊，险些建功，是刚刚基耶利尼那下太不应该了，这下进了！C罗，世界波！太霸道了！尤文图斯防线这一下的

疏忽，连续让皇马拿到了两次进攻机会，而 C 罗真的是霸气侧漏啊，这么高难度的射门在禁区里完成了。（录自 2017—2018 赛季欧冠 1/4 决赛首回合皇家马德里对阵尤文图斯的解说）

詹俊对进球的解说干净利落，使用"世界波""太霸道了""霸气侧漏"等词对进球与进球球员进行形容，既彰显了进球的精彩，又突出了对进球的合理情绪。也就是说，因为足球解说员是体育传媒人，作为体育媒介的一分子，必须要以传播事实真相与怀有客观公正的态度为己任。虽然在进球时会有一定的倾向性，但绝不能把自己作为"主队球迷"的身份进行解说。

（三）数据选择要恰当合理

如前文所述，数据的选择与应用是体育解说必不可少的环节。对足球解说而言，数据选择往往体现在两个方面：一是过往数据，二是场上的实时数据。首先，过往数据指的是球队在以往表现中产生的胜负场次、胜负比率（总胜负率、主场胜率、客场胜率）、进球数、失球数等，还包括球员在射手榜、跑动数据（单位：米/场）、抢断成功率等。这些数据在专业的体育或足球网站上都比较容易获取，但这并不是说足球解说员就可以一味地"拿来主义"。对二手数据的选择要体现出合理性与科学性。哪些数据要用，哪些数据可以忽略掉，哪些数据只是使用一部分，这都需要足球解说员根据比赛场面的实时变化而选择。

其次，球场上的实时数据是显示场上球队与球员表现的直接证据。由于足球比赛节奏快、不确定强，所以场上的实时数据往往需要解说员自主统计。魏伟认为，"足球解说可以自主统计的数据包括红黄牌、射门次数、射正次数、角球任意球和越位次数等。这些数据都可以成为解说员掌控比赛节奏的重要武器。"[①] 在这里需要强调的是，最重要的实时数据莫过于比分的播报。尽管比赛转播中屏幕上会实时显示，但是比分的播

---

① 魏伟：《体育解说教程》，北京：人民体育出版社，2012 年，第 138 页。

报依然是足球解说员必须的工作。"几比几"的比分看似简单,但这个数据体现了符号的象征意义——谁取得先机、谁捍卫了对谁的胜率、谁打破了魔咒,等等。例如 2012 年欧洲杯意大利队对阵德国队,足球解说员贺炜赛后解说道:

> 比赛结束了,来自法国的主裁判阿诺瓦吹响了全场比赛结束的哨音,意大利队 90 分钟凭借巴洛特利的两粒进球,2:1 战胜了德国队。意大利队延续了 1962 年以来在世界大赛对德国队保持不败的纪录。(录自 2012 年欧洲杯意大利队对阵德国队的体育解说)

贺炜在播报全场比分后,同时解读了这个比分所体现的符号意义——意大利队不仅只是"取得"了胜利,而是从 1962 年以来在世界大赛中"延续"了对德国队的胜利。而德国,恐怕真的会患上"恐意症"了。

## 四、融媒体语境对足球解说的影响

融媒体语境下,足球解说方法除了继承上述四点之外,还需注意网络用语的选择性使用、娱乐元素的适度注入、个性化解说方式的运用。

### (一)网络用语的选择性使用

网络用语由来已久,随着 20 世纪 90 年代互联网开始大规模普及,用户为了提高网络社交效率,需要一定特定的表达方式,这就形成了一种与日常生活用语略有不同的语言,这就是网络用语。网络用语可以使用特定符号进行表征,例如表情包、英文缩写、中文词语的简称、网络文学词语等,例如谈到直播带货,大家会想到"KOL",指的是关键意见领袖。还可以使用特定称谓来表征意义,例如"给力""灌水""水军"等。融媒体语境下,对体育解说的影响之一是解说语言中使用了一定的网络用语,以便更加贴近用户习惯,更能拉近与用户的距离。列举一例,2018 年欧冠决赛皇家马德里队对阵利物浦队,卡里乌斯出现戏剧性的巨大失误时,足球解说员詹俊说道:

> 克罗斯，再来找本泽马，霍，巨大巨大超级超级低级的，失误！卡里乌斯，送给对方一个进球，卡里乌斯啊，就是专注力不够集中，手抛球想找队友的时候被本泽马伸了一脚，本泽马连续两场欧冠比赛，为皇马打进至关重要的进球！没有犯规，没有任何的犯规嫌疑，只能怪卡里乌斯了，卿本神锋，奈何背锅，这次把锅扔给了卡里乌斯啊。（2018年欧冠决赛皇家马德里队对阵利物浦队的体育解说）

"巨大巨大""超级超级低级"这种词重叠使用，是为了程度化场上球员的表现，是为了体现了卡里乌斯的失误是多么的低级。这种网络用语类型在用户使用网络聊天时经常所见，既是对事件或行为的程度判断，又是对其的一种情绪化表达。在这之后，詹俊又使用网络文学语言来进行总结——"卿本神锋，奈何背锅"。八个字精辟入里，清晰总结出这次失误的责任归咎于谁。可以说，在解说中加入网络用语，符合了用户使用网络进行社交的习惯，通俗易懂，让用户感到一种亲切感。

### （二）娱乐元素的适度注入

娱乐是体育解说必不可少的元素，是观众观看比赛的"提神剂"。比如"阿圭罗有句名言：就算我做不成球星，也要做球星的老婆""三个臭皮匠顶个诸葛亮，何况是三个这么顶尖的球员！他们在一起能商量出什么呢？好球！打高了……"在融媒体的语境下，信息碎片化下生活的人们更加需要娱乐元素的注入以缓解快节奏的生活，所以体育解说依旧需要适度娱乐化。从传统媒体到新媒体，适度娱乐的解说有时候是因为口误造成，也有可能是经过设计，还有可能是脱口而出。像"可能有的观众刚刚打开电梯，我们再把比分再报一下：现在场上比分是0:0，曼联队领先"，解说员因为口误把"电视"说成了"电梯"，反而经过观众的口口相传，成了平时话里话外的"梗"。再比如"看看马内，门将出来了，大门是空的！这次进了，火燎的金刚，烟熏的太岁！立功了！他真的是全村唯一的希望!"解说员因为进球被调动起来的情绪瞬间通过语言来表达,而最后使用"全村唯一的希望"来调侃球员马内的表现,让观众喜闻乐见。

值得一提的是,娱乐元素注入体育解说,一定要注意"适度",但绝不能泛娱乐化,毕竟解读比赛过程才是体育解说的核心内容。如果跨越了"度",极容易导致体育解说中的伦理失范行为,这在后面会进行详细说明。

(三)个性化解说方式的使用

融媒体语境下,打破了传统主流媒体带来的同一性、标准化、极大化等特点,开始朝着个性化的小众传播发展。前文提及,体育解说在传统媒体时代语言风格略显单一,而且从业人员具备相关的职业素质,符合岗位需求。但在融媒体语境下,媒介使用权的下放和体制外增权,只要热爱体育和体育解说的普通大众都可进入媒体平台上开号并进行解说。也就是说,"草根解说"阶层伴随着媒介赋权而兴起,从而助力"全民解说"。如此一来,标准化的解说方式被打破,个性化解说地位提升,目的在于满足不同观众或用户的需求。一场比赛,用户可以搜索到冷静式、激情式、搞笑式、方言式等不同风格的解说,根据自己的喜好进行选择。从目前状况来看,传统媒体解说与新媒体解说交织,更加突出了个性化解说,增强了用户的选择性。

例如足球解说员王涛在实况足球游戏中的解说堪称搞笑经典。"球击中了空中的飞鸟,飞向宇宙,飞向太空,换球吧!""啊!他要吃牌了!没有!裁判只是叫他过去聊一聊,聊什么?聊感情?""皮球在空中划出一道美丽的弧线,飞向蓝天,击落了一架飞机。"再例如,足球解说员苗霖以"评书式"解说被人熟知。尤其是在球场上出现进球后,苗霖经常一语惊人,以现场作诗的方式来描述和评价该进球。2020年10月26日,中超争冠组次轮焦点战中,山东鲁能球员费莱尼进球被吹掉,苗霖现场作了一首定场诗:

曲木为直终必弯,养狼当犬看家难。墨染鸬鹚黑不久,粉刷乌鸦白不坚。蜜浸黄莲终须苦,强摘瓜果不能甜。好事总得善人做，哪有凡人做神仙！（录自 2020 年 10 月 26 日中超争冠组次轮山东鲁能对阵河北华夏幸福的体育解说）

## 第二节 篮球项目的解说

### 一、篮球项目简介

1891 年，篮球运动由美国马萨诸塞州斯普林菲尔德基督教青年会训练学校体育教师奈·史密斯发明。史密斯所在的城市以盛产桃子闻名，他受到把桃子装入筐子的启发而发明了篮球。在这之后，篮球运动在全世界的普及与推过呈现出速度快和范围广的特点。1892 年，篮球运动传入墨西哥，之后又传入英国、法国、巴西、澳大利亚、黎巴嫩等国家。值得一提的是，中国引入篮球运动也很早。在 1895 年，美国人鲍勃盖利将篮球引入中国。一年之后在天津基督教育青年会举行了中国第一次篮球游戏表演。之后，篮球运动在天津、北京等多地发展起来。

篮球同足球一样，是世界上最受瞩目的运动之一。提及篮球，大家都会不约而同地想到美国职业篮球联赛（NBA），想到"魔术师"约翰逊、"飞人"迈克尔·乔丹、"小飞侠"科比·布莱恩特、"T-mac"特雷西·麦克格雷迪、"小皇帝"勒布朗·詹姆斯、"闪电侠"德怀恩·韦德等世界级的篮球巨星。可以说，NBA 每个赛季从常规赛到季后赛，尤其是总决赛阶段，是世界上每个篮球迷的盛宴。随着篮球运动在中国的快速发展，职业篮球水平的提高，篮球在中国百姓中的关注度也日益提升。同时，中国篮球也培养出一批像王治郅、姚明、易建联等具有国际影响力或国内知名的运动员。值得一提的是，2019 年国际男篮世纪杯（2019 FIBA Basketball World Cup）在中国举行，收看该赛事的"电视观众人数超过 30 亿，社交媒体的视频浏览量达到了 15 亿。本届赛事覆盖了 190 个国家和地区，相比 2014 年篮球世界杯，累计收视率增长了 80%"。①对篮球这项高热度的运动，对解说的要求之高无可厚非。所以，探讨其解说旨在为培养篮球解说员的院校提供一定的思路和建议。

## 二、篮球项目的特点

篮球运动目前已然成为除足球外备受世人关注的运动。1932 年男子篮球成为奥运会正式比赛项目；1946 年 NBA 成立；1976 年，女子篮球成为奥运会正式比赛项目。同时，各大洲及国际篮球赛事也在蓬勃发展。在篮球运动蓬勃发展的今天，形成了以下几个特点：

第一，对抗性强。同足球一样，篮球属于对抗性运动，每场比赛由两支球队进行比拼，每支球队首发五人，各司其职，各自位置为控球后卫、得分后卫、小前锋、大前锋和中锋。比赛过程中，球员之间肢体碰撞频繁，经常会看到因碰撞后球员倒地或受伤离场治疗等情况。

第二，规则较为复杂。篮球比赛由于肢体碰撞频繁，所以规则的完善对赛场秩序的维护至关重要。篮球比赛的规则较为复杂，同时因其比赛节奏较快，更加考验裁判的判罚尺度。例如打手犯规、二次运球、推人犯规、争球、技术犯规、3 秒违例、移动挡拆犯规、干扰球等，这都需要球员熟记规则，同时需要裁判常年执法比赛经验的积累，才能共同维护球场秩序，以免发生失序而导致的意外后果。

第三，战术转变较为灵活。受到篮球比赛场地大小影响（标准篮球场应为 28m × 15m 的长方形），比赛中双方攻防节奏转换较快，所以采取战术相对灵活。对进攻一方，可以采用高位策应、三角进攻、强弱侧的转换等战术；对防守一方，可以采用人盯人、2—3 联防、1—3—1 联防等战术。战术的采用，主要依靠场下教练员根据场上情况随时做出判断，例如在

---

① 《男篮世界杯观众超 30 亿，央视拿下全球最高收视率》，https://dy.163.com/article/ER03GTRL05414WSI.html。

NBA中，因"大鲨鱼"沙克·奥尼尔在内线的威胁过于强大，所以出现了"砍鲨战术"——防守一方对奥尼尔进行犯规，利用其罚球的劣势弱化奥尼尔在内线的进攻威胁。

第四，比赛悬念频出。由于篮球比赛有进攻时间不得超过24秒这一规则限制，所以篮球比赛的胜负悬念经常精确到以秒为单位。所以，在篮球比赛中经常会出现"绝杀""反绝杀"一说。例如1998年NBA总决赛第六场，芝加哥公牛队的迈克尔·乔丹"最后一投"绝杀了犹他爵士队，取得了那一赛季的总冠军，帮助球队实现了两个三连冠，成就"公牛王朝"，同时乔丹也拿到了自己职业生涯的第六个总冠军戒指。乔丹的这个绝杀球也被称为"The Last Shot"。

### 三、篮球项目的解说方法

魏伟在《体育解说教程中》对篮球比赛的解说提出了"四个平衡"和"三个界限"的原则。"四个平衡"是指主队与客队之间的平衡、球星与普通球员之间的平衡、进攻与防守之间的平衡、全局与细节之间的平衡；"三个界限"是指风趣幽默与庸俗低级之间的界限、专业与过度专业之间的界限、激情澎湃与歇斯底里之间的界限。① 我们以此原则为出发点，来探讨篮球解说的方法。

#### （一）屏幕信息播报与解读要及时

屏幕信息非常丰富。篮球比赛的屏幕信息包括场上比赛的双方队员、教练员、裁判，同时还包括现场观看比赛的社会名流。屏幕信息还包含字母信息。篮球比赛的节奏快，进球数量多，所以字幕变化速度快。这就需要篮球解说员及时对字幕上信息进行准确播报，以及进行必要的解读。

首先，认清现场人物是衡量篮球解说员解说水平的重要标准。认清比赛球队的运动员、教练员、裁判员是篮球解说员的基本功。这在比赛前，

---

① 详见魏伟：《体育解说教程》，北京：人民体育出版社，2012年，第133-136页。

解说员都需要对以上人物信息有一定了解。例如球员的姓名、身高、位置、特点、打法、曾经效力的球队等，尤其是球队的核心球员。比如 NBA 球队洛杉矶快船的当家球星科怀·伦纳德（Kawhi Leonard）。

> 2011 年 NBA 选秀，科怀·伦纳德在首轮第 15 位被印第安纳步行者队选中，随即被交易至圣安东尼奥马刺队。职业生涯先后效力于马刺队、猛龙队以及快船队。2011—2012 赛季入选最佳新秀阵容第一阵容；2013—2014 赛季入选最佳防守阵容第二阵容，随马刺队夺得 NBA 总冠军并荣膺总决赛最有价值球员；2014—2015 赛季当选最佳防守球员并入选最佳防守阵容第一阵容；2015—2016 赛季入选全明星西部首发阵容、最佳阵容第一阵容，蝉联最佳防守球员并全票入选最佳防守阵容第一阵容；2016—2017 赛季入选全明星西部首发阵容、最佳阵容第一阵容和最佳防守阵容第一阵容；2018—2019 赛季入选全明星东部首发阵容、最佳阵容第二阵容和最佳防守阵容第二阵容，带领猛龙队夺得 NBA 总冠军并荣膺总决赛最有价值球员；2019—2020 赛季入选全明星西部首发阵容、荣获"科比·布莱恩特 MVP 奖"（全明星 MVP 奖）并入选最佳阵容第二阵容以及最佳防守阵容第二阵容。①

类似的信息都可以在球队官网、体育类网站等获取，所以篮球解说员可以提前准备获得。除了认清上述人物之外，对在篮球现场观战的社会名流的辨识是提升解说质量的表现。这些社会名流可能是篮球圈内人士，也可能是圈外人士。例如在斯台普斯中心经常观看洛杉矶湖人队比赛的杰

---

① 以上信息来自百度百科，https://baike.baidu.com/item/%E7%A7%91%E6%80%80%C2%B7%E4%BC%A6%E7%BA%B3%E5%BE%B7/3780255?fr=aladdin。

克·尼克尔森，他总是会在湖人队比赛中出现在观众席第一排。所以，当电视镜头给到他时，篮球解说员如果能够准备辨识出来，对观众观看比赛还是很有帮助的。

其次，篮球解说员要及时对字幕进行播报和解读。篮球比赛字幕分为比分字幕、时间字幕、球员数据字幕、比赛预告字幕等。由于篮球比赛进球数多，所以比分更新速度快，这就需要篮球解说员实时关注和适时播报比分。再比如球员数据字幕，篮球比赛中，尤其核心球员的发挥在很大程度上会影响比赛的走势，所以核心球员的比赛数据尤为关键。解说员要实时关注核心球员或者发挥出色的球员的得分数、篮板数、助攻数、盖帽数、抢断数等，这些数据背后读出的是球员的状态和球队的现状。当然，这里需要格外注意的是，不是所有的字幕都需要播报和解读。魏伟认为，"篮球解说员对字幕的使用需有节制，并非字幕提供的所有信息都有必要传达于受众，如部分媒体转播时出现的各种广告、与比赛关联不大的游动字幕或者各种口号、标语等"[1]。

### （二）不必每个进球/不进球都要解说

篮球运动和足球不同，由于进球数多，所以解说时不必每个进球/不进球都要用"球进了"的字眼描述，应该挖掘其背后的信息。所以，在不是精彩进球或关键进球/不进球时，处理进球时解说的方法也就呈现出多样性。

一是可以分析双方的技战术。前文提及，篮球运动的技战术较为复杂，同时变换速度快，这就需要篮球解说员即时对场上的技战术变化进行解读和评论，以深化观众对比赛的理解。比如2014年NBA克利夫兰骑士队同亚特兰大老鹰队比赛时，骑士队进攻未果，篮球解说员王猛和评论员刘家超说道：

老鹰的协防不错，好，成功的防成对方一个24秒。

我们看老鹰，你每一个突破点面前都有人协防，而且不

---

[1] 魏伟：《体育解说教程》，北京：人民体育出版社，2012年，第133页。

是一个人，球分出来之后，老鹰的整体的防守的收缩性很好，去看老鹰的防守阵容，好像一个时张时收的花瓣一样，非常的有意思。（录自 2014 年 NBA 克利夫兰骑士队同亚特兰大老鹰队比赛的解说）

体育解说员并未对进球 / 不进球本身进行描述，而是通过骑士队这波进攻不成功来深入解读老鹰队的防守战术，这样观众就不会乏味，而是通过画面和解说学到一些篮球常识。

二是可以对球员的场上表现作出适当评价。比如 2013 年达拉斯小牛队对阵休斯顿火箭队时，对于林书豪的进攻表现，篮球解说员王猛同评论员说道：

就像这样投，你看，出手就进。这就是说我们林书豪进步，林书豪哪进步？一是整体命中率提升，二是定点三分球命中率的提升，他知道自己的缺点是哪。第三，就是他每场比赛平均对篮筐的冲击，上罚球线次数比之前提升，增加他的冲击性。所以我们说他是一个好球员，就是他总在进步。（录自 2013 年达拉斯小牛队对阵休斯顿火箭队比赛的体育解说）

三是可以适度调侃、娱乐，增强篮球比赛的趣味性。娱乐性作为体育解说的一大特点，自然在篮球解说中也必然有所体现。比如 2014 年 NBA 克利夫兰骑士队同亚特兰大老鹰队比赛时，老鹰队球员安蒂奇投出一记三分球，篮球解说员王猛和评论员刘家超说道：

这就是现实的人生。挡拆之后 5 个人全都往……看看安蒂奇的三分，这个呢，看着像一个鲁智深一样的人物，孔武有力，其实呢，手上活细，能拉出来投三分。当他外线命中一个三分之后，对汤普森来讲，就要往外防得更多，看看他们篮下会不会有更大的空间。（录自 2014 年 NBA 克利夫兰骑士队同亚特兰大

老鹰队比赛的体育解说）

把安蒂奇比作鲁智深，把中国观众熟知的《水浒传》中的人物"花和尚"鲁智深同篮球运动员安蒂奇联系起来，这样既帮助大家快速熟悉该球员特点，同时增强了解说的趣味性，克服了解说的"机械性"，让观众听起来"有意思"。

（三）**数据选择要恰当合理**

篮球比赛的数据分为赛前准备的既有数据和比赛中的实时数据。这些数据由于体量大，所以不可能在解说中都要用到。这时候就需要对数据进行筛查和选择。

首先是赛前准备的既有数据。当篮球运动员林书豪三分球手感火热的时候，解说员可以拿出已有数据传达给观众："林书豪这个赛季的定点三分球命中率，是48.5%，这个命中率是非常高。"如果NBA下一个赛季（2021—2020赛季）要解说一场金州勇士对阵金州勇士对克利夫兰骑士队克利夫兰骑士队的比赛，那么在专业体育网站中就可以找到相关两队的比赛数据，以及两队的数据对比。如图4-1，在腾讯体育中，我们找到了两队的本赛季数据对比：

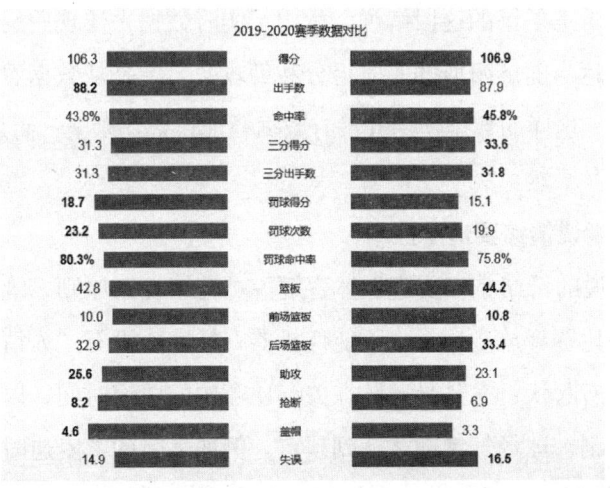

图4-1 2019-2020赛季金州勇士和克利夫兰骑士队的数据对比
（左侧数据代表勇士队，右侧数据条代表骑士队）（图片来源：腾讯体育）

在这张数据对比中,可以清晰地看到两队在本赛季得分、出手次数和命中率、三分得分和命中率、罚球次数和命中率、篮板(前场篮板和后场篮板)、助攻、抢断、盖帽、失误的对比,全面和详细。这些数据在比赛解说过程中会成为信息储备,而不是必须要全部传达给观众,而且还有根据场上情况来解读数据背后的内涵。例如,勇士队的三分球是取胜的重要法宝,但是从数据对比看,从三分球的出手次数和命中率比骑士队稍有逊色,说明骑士队在这个赛季对三分球的依赖程度和把握度在上升,勇士队并不占优势,那么如何去发挥优势并破解骑士队的三分战术,这是比赛的一大看点,也是数据背后的深意。

其次,是赛中的实时数据。在赛中,篮球比赛的实时数据更新速度快,球员的表现会随着得分、篮板、助攻、抢断、盖帽、罚球等数据的更新而展现。例如,在2019年NBA达拉斯独行侠对阵洛杉矶湖人队,湖人队球星勒布朗·詹姆斯的表现抢眼,腾讯体育的篮球解说员王子星说道:"大范围转移给詹姆斯,打一三分,有了,11分12个助攻。前场球。来看这球啊,打科罗贝尔,退回来三分线外,张手命中,今天其实两分球效率一般,三分球还可以。"(录自2019年NBA达拉斯独行侠同洛杉矶湖人队比赛的体育解说)王子星的这段解说,运用了实时数据来体现詹姆斯当前的状态:一是传达当前詹姆斯的实时得分和助攻数,二是从数据看出三分的状态比两分好。这样的数据使用并没有数据叠加,繁冗复杂,而是简洁明了,观众一"听"了然。

(四)解说情绪要适度控制

篮球解说的情绪掌控要遵循体育解说员情绪控制原则,既不能降为球迷视角看待比赛释放激情,也不能像机器一样冰冷没有"人情味"。篮球比赛节奏跌宕起伏,尤其是球队在关键比赛中的关键时间,以及明星球员遇到关键时刻,球场气氛随之达到顶点。例如著名的"麦迪时刻",前火箭球员特雷西·麦克格雷迪在球队落后时,在最后的35秒钟投进4记三分球,其中包括一个"3+1",得到13分,帮助球队逆转比赛获胜。这种前无古人后无来者的表现，马上令比赛现场沸腾了。作为解说员，不可能对此无动于衷，毕竟是见证了这一经典的历史时刻；但同时也不可能和火箭队球迷一样陷入疯狂庆祝中，毕竟作为比赛信息的传达者要保持一定的冷静。所以现场篮球解说员使用一句高度凝练的话来形容麦迪的表现："最后这一分钟属于麦迪，这一刻他就是上帝。"这句解说凝练了时间、人物、事件等要素，更重要的是运用的比喻的手法提升事件的价值与程度。把麦迪比肩"上帝"，是为了说明今天他的表现除了上帝无人能及，以及以一己之力带领球队逆转，成为球队的"救世主"。这种对麦迪表现的赞誉程度远远超出了"漂亮""精彩""经典""完美"等词所能表达的范围，同时也体现了解说员在合理范围内释放内心激动的情绪。

再比如，在 2013 年的 NBA 全明星赛。全明星赛是伴随着娱乐性、观赏性而进行。球队没有胜负压力、球员没有得分压力，教练没有指挥压力。可以说，全明星赛是在全民狂欢的氛围中进行的。所以，篮球解说员的情绪也要和现场情绪相契合。例如，著名球星凯文·杜兰特在这次比赛中发挥出色，得分突破 30 分。对他来说是在全明星赛中一个里程碑：在该项赛事中连续三届得分达到或者超过 30 分。现场的篮球解说员在一种轻松、愉悦的状态下解说："杜兰特这要得 30 分啦。""过 30！""哈哈哈，杜兰特 30 啦。杜兰特是连续三届全明星赛得的是 30 加。""哈哈哈"的笑声在这里并非是一种失态的表现，而是在契合现场气氛时的自然表露，同时把其传递给受众或用户，让其获得一种身临其境的感知和感染。

### 四、融媒体语境对篮球解说的影响

融媒体语境下，篮球解说方式更加贴近日常聊天，同时比传统主流媒体更加注重娱乐化的语言色彩。基于此，可以看出融媒体篮球解说的词使用更加丰富。

#### （一）聊天式色彩更加浓厚

可以说，融媒体语境导致了去中心化的传播模式，从而极大影响了体育解说的语言特点。交互性和对话式传播模式的强化，让受众或用户有了表达意见的平台。所以，在篮球解说中，聊天式色彩更加突出。不管在传统主流媒体还是新媒体平台，不论是单人解说还是"1+1"的双人解说，聊天式让篮球解说更接地气，更贴近受众或用户，更深化了交流的内涵。例如，2019年NBA达拉斯独行侠对阵洛杉矶湖人队的比赛，篮球解说员王子星同沈知渝搭档解说，二人以自然、平和的语言让观众就像是在演播室同他们一起看球、聊球一样。我们摘取一段二人的解说评论作为佐证：

沈：你和其他没什么可比的，和其他队比呢，一定是能够比其他队可能替补上来说的话更好一些。

王：至少不差吧。

沈：至少不差吧，至少差不多吧。因为，花了那么多钱，找了那么多人，其实基本上都还是有点用的。

王：科罗贝尔也中，但也得说，就是对于大家对湖人替补的担心就在于不稳定。

沈：不稳定这事儿吧，我觉得也得看，慢慢慢慢赛季深入之后，也有可能是趋向一个稳定。就是你看对稳定的要求是什么。

王：隆多两分打中，这个阶段呢，因为东契奇和波神都不在，对湖人来说其实是个拉开分差的机会，看看独行侠这边谁能够带领球队来得分。

沈：又一个失误，又一个失误，有点，稍微有点招架不住的感觉。哎哟，哟！

王：示意一下啊。

沈：示好了，要去示好了，打个招呼。（录自2019年达拉斯独行侠对阵洛杉矶湖人队比赛的体育解说）

二者搭档的这段解说，起承转合非常自然，颇有点"拉家常"的味道。

把球员的价值用"有点用"来体现,把球场上较为被动一方的表现形容为"招架不住",把球员的行为用"示好""打个招呼"来展现,这是解说语态的转换。这是链接观众心理的转换,是解说语言生活化的转换。如果说整场比赛就是一个完整的叙事过程,那么其中是由多个故事情节组成。简言之,解说就是讲述故事,把正在发生的一场篮球故事完整地呈现给观众。那么,聊天式解说是最为接近生活、最为接近观众收视心理的方式,既能够生动地讲述球场故事,又能把自己融入赛事与观众中间,防止解说与观众的割裂。

**(二)娱乐化色彩更加浓重**

由于前文所述,融媒体语境下的体育解说更加追求用户的收看心理。因为媒体资源的丰富让用户可以在一个相对自由宽松的环境下选择比赛进行收视,所以作为媒体平台更加注重对用户心理、认知、行为的掌握。娱乐化的解说方式契合了当前用户忙碌工作和碎片化生活等特点,帮助用户找到情绪宣泄的出口。李菁以2013年NBA全明星赛的篮球解说为例,对比对面对激烈场面时央视体育与新浪体育、腾讯体育的解说。以下为她选取的案例:

①又是一帽,今天科比跟詹姆斯斗法过程当中,最后阶段送出两记封盖。这时候的防守强度即便谈不上季后赛的水准,也至少是一场有这种恩怨的两支球队之间的常规赛防守强度。(央视体育)

②"詹姆斯怒了!詹姆斯急了。""犯规了,这是造了科比一犯规!说白了球赢不赢无所谓,我必须打你一个。"(新浪视频)

③"詹姆斯一定很不开心了。但是没办法他已经被

盖了两次了。"（腾讯视频）[1]

她认为，央视体育的解说员往往运用冷静的方式处理激烈场面，而新媒体平台则往往通过注入娱乐元素来进行解说。通过这个案例可以看出，传统主流媒体的篮球解说在描述和评论比赛场面时中规中矩，客观冷静地传达赛场信息。像"又是一帽""两记封盖"等专业性的描述词语，"防守强度""水准"等评论性词语，串联在一起，既能准确传达赛场信息，又精炼地对场面进行评论。而在新媒体平台上的篮球解说，则往往会采用带有调侃性的语句，像"怒了""急了""必须打你一个""不开心"等。这些语句的运用，突破了评述结合的传统解说方式，而是把现场球员的神态表情和行为动作在迎合"全明星周末"的欢乐气氛下加以渲染。如此一来，在不影响现场比赛基本信息传递的情况下，娱乐性解说的注入，更加能够愉悦受众或用户的身心，有助于其在收视过程中消除疲劳，增强关注的持久度。

### （三）词语使用更加灵活多变

融媒体篮球解说的词语使用非常丰富，灵活多变，主要体现在以下三个方面：

一是篮球解说员对比赛球员直呼绰号。球员的绰号是根据其英文名字的直接翻译、性格特点、身型特点、打球特点而来。例如，前休斯顿火箭队全明星球员姚明，身高 2.26cm，在当时 NBA 赛场中是身高最高的球员，所以媒体为其取绰号为"小巨人"。再例如，洛杉矶湖人队全明星球员沙奎尔·奥尼尔的英文名是 Shaquille O'Neal，小名"沙克"（Shaq）。其小名和鲨鱼（shark）同音，同时其打球风格非常凶悍，在其职业生涯中对内线的进攻和防守具有无解的统治力，所以媒体给其取绰号为"大鲨鱼"。在解说中直呼球员绰号一是体现出篮球解说员的专业性，表现出对球员信

---

[1] 李菁：《体育解说评论的探究——以解说篮球比赛为例》，《中国传媒科技》，2013 年第 20 期，第 25 页。

息的了解深度，同时还能很快拉近与观众的距离，毕竟观众中大部分都是"懂球"和"喜欢看球"的老球迷。

二是篮球解说员通常使用比喻的手法丰富对赛场信息的描述。体育解说就像是讲述一场完整的比赛故事，如果仅仅平铺直叙难免乏善可陈。为了赢得观众的收视与关注，解说员加入运用比喻性手法来描述赛场信息，从而丰富了信息的形象感，便于观众理解。例如，篮球解说员形容NBA亚特兰大老鹰队的防守时会说："老鹰的整体的防守的收缩性很好，去看老鹰的防守阵容，好像一个时张时收的花瓣一样，非常的有意思。"如何形容老鹰队的收缩性，让其产生通俗易懂的效果，解说员用"时张时收的花瓣"来比喻，形容球队防守的弹性很好——攻可全面散开，收则全面回收。

三是篮球解说员会使用一些网络用语。所谓网络用语，是人们在网络社交中提炼与使用的语言。它在网络传播中可能会体现出特殊的内涵。网络用语在某种程度上代表了语言使用的流行趋势，往往会被贴上前卫、风尚的标签。所以在篮球解说中使用这样的语言，更加贴合网络传播中球迷的语言习惯。例如，作为知名网络用语的"给力"，在篮球解说中加入该词，就是为了形容某球员在比赛中表现突出，或者成为帮助球队赢球的关键；"狠角色"，可以用来形容球员在比赛中防守凶悍，护框能力强；"打call"，可以用来形容为某支球队或球员加油鼓劲等。

## 第三节 排球项目的解说

### 一、排球项目简介

排球同足球和篮球并称为体育运动中的"三大球"项目。但同其他两项不同的是，排球是隔网竞技运动，不产生球员之间的肢体对抗。提及排球，大家自然而然会想到中国、美国、巴西、古巴、日本等排球强国，也会想到郎平、梁艳、切布基娜、海曼等世界著名排球运动员。

1895年，排球在美国诞生，后由美国马萨诸塞州霍利奥克城的基督教青年会干事摩根韦廉姆·G.摩根(William G.Morgan)创建了排球比赛。1964年，排球成为奥运会的正式比赛项目。排球比赛在场地为18米×9米的长方形赛中进行，每场比赛在两支球队间展开，每队排出首发球员6名，规定每队在触球3次以内（包含3次）必须击球过网。球场上球员位置包括主攻手、副攻手、二传手、自由人。

1905年，排球运动传入中国。但是旧中国在体育运动水平上远远落后于西方列强，所以排球在中国的开展规模和竞技水平低下。新中国诞生后，随着国家领导的关心和重视，中国的排球运动水平开始提升。为了便于同世界各国在排球领域的交流，1954年中国正式加入国际排球联合会。经过多年发展，中国排球运动的成绩明显提升，已然成为世界一流运动队。中国女排"曾在1981年和1985年世界杯、1982年和1986年世锦赛、1984年洛杉矶奥运会上夺得冠军，成为世界上第一个'五连冠'，并又在2003年世界杯、2004年奥运会、2015年世界杯、2016年奥运会、2019年世界杯五度夺冠，共十度成为世界冠军（包括世界杯、世锦赛和奥运会三大赛）。中国女排是中国三大球中唯一一个拿到冠军奖杯的队伍。"[①] 如今，中国女排不仅仅指代一支队伍，一支在世界大赛中能为中国和中国体育增光添彩的运动队，更是象征了拼搏进取、勇往直前、永不服输的精神。同时，女排精神被赋予了时代价值，激励着国人奋进。

## 二、排球项目的特点

下面我们来总结排球运动的一些特点：

第一，排球属于隔网竞技项目。排球虽然和足球、篮球同属"大球类"

---

① 以上资料来源于百度百科，https://baike.baidu.com/item/ 中国国家女子排球队/1134805?fromtitle= 中国女排 &fromid=1296848&fr=aladdin。

项目，但没有后两者的身体对抗，而是在比赛场地中间架有球网。球网网宽 1 米，长 9.50 米（其中女子网高 2.24 米，男子网高 2.43 米）。比赛双方在每方触球不超过 3 次的情况下将球击打过网，完成一次进攻或防守。

第二，球员击球位置灵活。在足球运动中，球员上肢触球会被判罚为手球犯规；在篮球运动中，球员脚部触球会被判罚为脚踢球。与两者不同的是，在排球运动中，球员击球位置相对灵活，身体各个位置都可触碰排球，但不可抛球或接住球，必须触碰后击出，否则会被判罚为持球。

第三，比赛取胜规则为以局计算胜负。足球和篮球运动的取胜规则是在规定时间以进球获取比分来计算，谁进球多或谁取得的分数高为最后胜者。排球运动却与之不同，正式比赛中采取五局三胜制来计算。前四局采用 25 分制，比赛一方至少获得 25 分（同时超出对方 2 分）为该局胜者；第五局为 15 分制，比赛一方至少获得 15 分（同时超出对方 2 分）为该局胜者。比赛双方谁先取胜三局即为比赛最终胜利者。

### 三、排球项目的解说方法

#### （一）对击球的描述要简洁清晰

排球是一项以局为单位的比赛项目，以谁取胜三局来判断最后的胜负关系。在每局进行时，每个球的争夺对该局的取胜显得尤为重要。所以，排球解说员对每个球的描述构成了对整场比赛解说叙事的一个基本单元。这种描述需要注意以下两点：

第一，描述性语言简洁清晰。由于排球比赛每方击球不得超过三次，所以比赛或防守的节奏较快，这样，解说时如果语言繁冗就会造成解说节奏沉重拖沓，甚至与比赛节奏脱节。中国广播电视总台的体育解说员洪刚在排球解说方面造诣颇深，解说风格沉稳大气，举重若轻，深受观众喜爱。在此举一例为证。在 2019 年女排世界杯中国队对阵韩国队，洪钢的现场解说对场面的描述清晰透彻，简洁明了。例如，他对场面的描述有"中国队双人拦网，再次得分""丁霞把这个球救起来了，张常宁暴露性强攻，这个球没能过去""这球颜妮把球防起来，过渡，还是调整球，唉，这球有些操之过急，可以耐心地过度，没有关系""韩国队顽强地把这个球救起来，（中国队）再攻，扣球掩护，漂亮"。（录自 2019 年女排世界杯中国队对阵韩国队的体育解说）这一系列对比赛场面的描述，首先，短句子契合排球比赛节奏。排球比赛每方触球不超过 3 次，触球球员还不能连续触球，尤其进攻扣杀时的球速非常快，所以排球解说员以短句子配合良好的口齿度就显得非常必要。其次，专业性词语使用到位。洪钢对每个球的连贯性描述中，运用专业性词语串联，就形成了完整的叙事。例如上述解说中的其中一球，洪钢使用"防""过渡""调整""操之过急""耐心过渡"来串联，很清晰地交代了中国队把这个球防起来了，然后过渡加调整后完成进攻，但是操之过急使得进攻未果而丢分，如果再耐心过渡一下可能效果更好。

第二，对每名球员的特点要有所掌握。在排球比赛中，无论那一方都必须在三次击球内化解对方来球，同时尽可能为本方创造机会。这是解说员必须对球员的特点有所掌握，这样才能为解说比赛双方不同的得分方式提供养料。例如，现役中国女排国家队成员朱婷，作为主攻手她的特点为扣球点高、力度大、滞空能力强；丁霞作为二传手具有丰富的想象力，同时还有发球直接得分能力也较为出众；颜妮作为副攻，其特点为防守能力突出，尤其是拦网能力强。对球员特点的掌握，能帮助排球解说员做出对比赛中球路的预判和对比赛进程的掌握，更重要的是可以突破千篇一律的解说套路。不是每个球都可以"好球""漂亮""精彩"等解说中的常规词语作为总结，还可以从球员之间的配合或球员击球特点中选取细节来丰富比赛的解说。

（二）对击球得分的评论要一针见血

如果说对比赛的描述是为了传递基本的赛场信息的话，那么评论是为了让基本的赛场信息富有深度，同时可以以主观姿态去感受客观信息，从而形成一系列的想法、观点、意见。在排球比赛中，由于其节奏较快，所以长篇大论式的评论往往不适宜,所以对场上局面或关键球的评论必须言简意赅、准确到位、一针见血。中央广播电视总台的排球解说员黄子忠认为,在解说中"一是要有自己的特点和个性;二是发表的评论要客观准确;三是要做到言简意赅,留出适当的空间让球迷去思考;四要时刻保持良好的心理承受能力"。①

我们截取在2016年巴西里约奥运会女子排球决赛中,中国女排对阵塞尔维亚女排的第四局的一段比赛解说作为例证。这场比赛的解说是由洪钢担任,前中国女排功勋队员冯坤担任评论:

洪:话音未落,惠若琪发球落地直接得分。

冯:第三局我们也是破了对方的一传。

洪:奥格杰诺维奇,一个二次球。奥格杰诺维奇已经连续参加三届奥运会了,这可能是她的最后一届。

一传到位。

冯:好球!朱婷还是延续着她强势的进攻。

洪:塞尔维亚的二传还是非常敢组织,奥格杰诺维奇这时候还是传拉西奇短平快。

冯:从上一局后半节到这一局的开局,(塞尔维亚)二传组织的快攻非常多,因为今天米哈伊诺维奇这一点打得并不是非常开,我们对她的拦防还是比较成功的。所以,刚才这个球在(应对)快攻上我们应该多准备一些。(录自2016年巴西里约奥运会女子排球决赛的体育解说)

由这段解说我们可以清楚地看出,排球评论一般选择夹叙夹议。如上述所说排球比赛节奏较快,所以采取先描述再叙述的评论方式在时间分配

---

① 《央视排球解说黄子忠:评论要言简意赅,时刻保持良好的承受能力!》,https://www.sohu.com/a/324856540_100004940?scm=1002.46005d.16b016c016f.PC_ARTICLE_REC_OPT.

上并不可取。而是随着比赛的进程，及时发现问题并立即加以评论。当洪钢描述中国队朱婷快攻得分，冯坤马上用"延续强势的进攻"来加以评论，让观众明白朱婷的进攻不是"断线"式的，不是"偶然"型的，而是连续为中国队得分输送"火力"。当洪钢描述塞尔维亚二传手的大胆组织，冯坤立即在新的一球发球前深入解析其原因：塞尔维亚队的主攻手米哈伊洛维奇今天被中国队防守得很好，所以只有快攻才能解决这个问题，下一步中国队要为防守塞尔维亚队的快攻做好准备。这样夹叙夹议的评论既契合了排球比赛的快节奏，也能在第一时间为观众对比赛进程进行解读，便于观众理解场上形势。

### （三）对情绪控制要坚守客观性原则

体育解说的客观性原则是对所有比赛解说的情绪控制而言，那么在排球比赛中需要特别指出的是，排球解说员面对中国排球队尤其是中国女排时应该如何处理和控制自己的情绪。由于中国女排实力强劲，从20世纪80年代获得"五连冠"到2004年雅典奥运会折桂，再到2016年里约奥运会登顶，虽然其间起起伏伏，但始终是世界排坛的一支劲旅。所以解说中国女排的比赛，一旦情绪过激，失去客观性原则的底线，那么解说员很容易降为"球迷视角"，以及失去作为体育解说员的基本角色和职能。由此而言，在解说中国女排比赛时，如何处理激动兴奋的情绪和客观性评论之间的关系就显得尤为重要。

2004年雅典奥运会的女排决赛，中国队对阵俄罗斯队，场上形势非常焦灼，双方前四局战成2比2平，关键的第5局双方比分依然没有拉开。担任当时比赛解说员的孙正平审时度势，客观冷静，并没有因为解说中国女排的关键比赛而失控。当双方比分来到12:11，中国队领先一分时，比赛形势非常关键，每一分都有可能决定最后的冠军归属。这时由俄罗斯队发球，孙正平解说道："来看中国队能不能接好一传，好球，还是打一个背快球，18号张萍，手起球落，再得一分，现在是13:11。中国队传得坚决，打得很灵活，对方还没有形成拦网的时候，中国队的球已经下来了。"

（录自 2004 年雅典奥运会女子排球决赛的体育解说）当中国队以 14∶12 领先拿到比赛冠军赛点时，这时由俄罗斯队发球，孙正平解说道："现在是 12∶14，俄罗斯队发球。好球，扣球。中国队再组织进攻，拉开给 4 号位，再扣。俄罗斯队这段时间的防守很稳健。好球，一个前扑，中国队还有机会，扣球。俄罗斯队拼命地防守，把球送过来了。中国队还是打一个快球，4 号位强攻，好球！中国女子排球队在决胜局中以 15∶12 胜了俄罗斯队，获得了奥运会女子排球的冠军。"（录自 2004 年雅典奥运会女子排球决赛的体育解说）

由这两段解说可以看出，孙正平并没有因为这是关键球，且是中国队得分甚至是最后夺冠而大肆地欢呼雀跃，也没有运用高声呐喊式的声音状态来解说——例如"中国队赢了！中国队是冠军！"这样的带有明显情感倾向性的语句来解说。他是在可控范围内的激动情绪中带动声音和气息的运动，准确描述比赛的争夺过程，同时进行言简意赅的评论。更难能可贵的是，孙正平能在如此激烈紧张的比赛进程中还不忘实时播报比分，且是规范地播报——解说时"谁发球谁的分数播报在前"，例如中国队得分后，比分为 13∶11，俄罗斯队发球时，比分为 12∶14。由此可见，坚守客观性并不是一味地冷冰冰地不带情感地解说，而是从大局着眼，以真情融入比赛，但又明确自己的身份定位，有效地控制自身的喜怒哀乐，从而为观众带来用真情、真心的真实解说。

### 四、融媒体语境对排球解说的影响

融媒体的技术语境下，给了更多体育爱好者在网络平台解说的机会，也使得解说风格朝着多样化发展。排球解说也是一样。特别突出的是，排球解说爱好者们通过对排球视频的二次加工、截取、剪辑、制作，配以个性化、专业化、趣味性的解说，然后以短视频的形式在网络平台上传播。这样的短视频以用户视角显示了科普排球知识、分析排球战术的功能，为排球运动在群众中的普及起到了推动作用。

第一，科普排球知识。在快手平台，"快手搜索"账号推出了"快手趣味小百科"，其中包含了两期关于科普排球知识的短视频。一期题为"排球运动的诞生"，一期题为"世界沙排名将"，视频生产者在一分钟左右的短视频中运用介绍性的语言，同时对声音和语速进行了相应处理，以此在有限的时间内"塞"进尽可能详细的内容。我们以"排球运动的诞生"为例，以下是解说词：

> 排球运动首次亮相于1964年的日本东京奥运赛场，有10支男队，6支女队参加比赛。2004年的雅典奥运会，是排球运动如奥的整40个年头。比赛规模发展至男队、女队各12支队伍。奥运会的排球项目满载着世界的光荣与梦想。它诞生于1895年，在美国马萨诸塞州霍利约克市，由一位叫威廉·基·摩根的体育工作者发明。摩根从网球运动中获得启发，并进行了相关试验，最终制作了历史上第一批排球，并将这种隔网用手拍击球的游戏叫"Minitonette"，意为"小网子"。1896年，来自斯普林菲尔德市的查尔斯戴特博士提议将其改名为"Volleyball"。"volley"是网球运动的术语，意为"截击"，即"在球落地前将球击回"，该名字成为排球运动在国际上的正式名称，并一直延用至今。排球运动诞生后，很受美国民众的欢迎，并通过各种活动逐渐把排球运动传播到世界各地。1905年，排球运动传入中国。

这条短视频在58秒内以344个字的解说清晰地介绍了排球运动的诞生地、发明者、名称的改进，以及排球与奥运会的渊源及发展现状，最后说明排球运动何时传入中国。这种解说尽管不像传统媒体依托专有节目，以专业化解说人员进行配音，显示非常高超的制作技巧和过硬的播音主持专业功底，但迎合用户碎片化的时间，同时"甩去"修饰化的修辞策略，以开门见山、单刀直入的方式让用户极为容易地理解其所说内容，使得科普排球知识更为有效。

第二，分析排球战术。在短视频平台，有很多排球爱好者开设账户，截取经典赛事的片段，并对其进行二次加工，再配以解说，为广大观众讲解其战术。快手用户"Vinqui原创运动珠宝"选取了一场中国女排在2019年女排世界杯中对阵韩国队的比赛，并截取了第一局中国队的一个关键球进行二次加工，采用"圈人""箭头""数字""慢动作"等特效，对这一球双方的战术选择进行分析，同时配合解说：

> 2019年排球爱好者眼中的比赛，普通人不会留意看的漂亮一球。由中国队发球，10号接球托球手不到位，破坏一传。背对中国队看不见防守，因为韩国队站位不佳，敌方攻击对我们没威胁。此时中国队已跑上去做好一传准备，中国队成功破坏对方攻击。此时中国队做好4个攻击准备，17号扣杀假动作成功欺骗对方防守。所以现在敌方只有两个防守球员，此时2号队员进行强势攻击，成功得分。我们由直线来看4号、13号、17号严防我们4个攻击，这时我们队17号假动作扣球，成功带走敌方17号的防守，所以有充分时间给2号队员在13、14之间的破绽进行攻击，成功得分。

从这段体育解说看，视频生产者使用了简洁明了且通俗易懂的话语方式进行解说，从破坏对方一传，到中国队四名球员做好攻击准备，由17号的虚晃一枪来为2号球员的致命一击拉开空间。简言之，这一球中国队采取了"声东击西"的战术。客观地讲，当前广大民众对体育赛事的需要已经不再满足于比赛中的基本信息，更加希望能够深入其战术层面的认知。这类短视频很好地解决了这一问题，既能够以媒介记忆唤醒观众对经典赛事或精彩得分的记忆，又能以战术可视化的方式更加直观地呈现球队战术，帮助其更深一步地理解比赛。

可以看出，"三大球"项目由于关注度高，对其解说质量的要求也随之提高。在融媒体语境下，由于普通用户的广泛参与，其解说的语言风格与话语逻辑也呈现出新的特色。所以，在进行"三大球"项目解说时，既要区分三个项目解说的异同，更要注意融媒体对其的影响，这样才能顺应体育赛事转播和新媒体技术的发展，才能更加贴近当前民众的需要，才能在进行体育解说时取得良好的传播效果。

# 第五章 体能主导类项目的体育解说

上一章讲到"三大球"项目解说时,提及其都属于技能型主导的体育项目,这是源自项群理论对体育项目进行的分类。项群理论是田麦久先生等人在竞技体育领域创建的重要理论,它以不同项目的本质属性所引起的项目之间的异同点作为划分依据,将一组具有相似特征及训练要求的体育项目进行归纳与研究。该理论把体育项目大致分为体能主导类和技能主导类项目。体能主导类又分为快速力量型、速度型、耐力型三个项群;技能主导类则分为表现难美型、表现准确型、隔网对抗型、同场对抗型、格斗对抗型五个项群。项群里的事例项目如下表:

表 5-1 项群分类

| 项群 | 子项群 | 具体运动项目 |
| --- | --- | --- |
| 体能主导类 | 快速力量型 | 举重、跳高、跳远、铅球等 |
| | 速度型 | 短跨类项目、短距离游泳等 |
| | 耐力型 | 马拉松、竞走、越野滑雪等 |
| 技能主导类 | 表现难美型 | 体操、跳水、花样滑冰等 |
| | 表现准确型 | 射击、射箭、台球等 |
| | 隔网对抗型 | 排球、乒乓球、网球、羽毛球等 |
| | 同场对抗型 | 足球、篮球、冰球等 |
| | 格斗对抗型 | 拳击、柔道、跆拳道等 |

把项群理论加载到体育解说中来,可以避免体育解说员"抓瞎",使其从纷繁复杂的运动项目和运动规则中解放出来。结合项群理论,"了解

每一类别项群的运动规律、运动特点及项群内部具体不同项目的竞赛规则，再根据自己的解说实践，进行有针对性的解说练习。"[1] 本章旨在根据项群理论，对体能为主导的运动项目解说进行分析。具体做法是，在体能主导类项群的每一子项群里列举一到两个具有代表性的体育项目，对其进行介绍，说明其项目特点，对其体育解说进行案例分析，并在每节最后进行对该项群项目的体育解说方法进行归纳总结。由于上一章已经涉猎足球和篮球项目的解说，所以在这一章对同场对抗型项目的解说不再赘述。

---

[1] 张德胜、武学军主编：《体育解说评论》，武汉：华中科技大学出版社，2018年，第195页。

## 第一节 快速力量型项目的体育解说

体能主导类项目包括举重、投掷类、跳跃类等运动项目。该项群的项目运动特点主要表现为运动员每次出场竞赛用时短，运动动作连贯性强，力量需要在瞬间爆发。本节以举重、跳高两个项目为例，来分析融媒体语境下该类项目的体育解说方法。

### 一、举重项目的体育解说

#### （一）举重项目的简介

举重（Weightlifting），分为抓举和挺举两项（曾经有推举一项，后在1972年被取消），是以举起的杠铃重量为胜负依据的体育运动。现代举重运动始于18世纪的英国。当时在伦敦，马戏团常有举重表演。到19世纪初，英国开始成立举重俱乐部。最初，杠铃的两段是金属球，重量不可调整，比赛以次数决胜负。后来，意大利人路易斯·阿蒂拉将金属球掏空，通过往其中添加铁块或铅块调整重量。1910年，纽伦堡人卡斯珀·博格将金属球改为重量不同、可拆卸的金属片，并沿用至今。1891年，首届世界举重锦标赛于伦敦皮卡迪里广场举行。1896年，第1届夏季奥运会，举重就已经被列为正式比赛项目。从第一届奥运会至今，举重项目从仅分单手举和双手举经过百年变革，至东京奥运会已经发展至14个级别。[1]

中国举重队是世界举坛一股强劲的力量，甚至可以说占据着霸主地位。1956年6月7日在上海举行的中苏举重友谊赛中，中国运动员陈镜开以133公斤的成绩打破了美国运动员温奇保持的56公斤级（最轻量级）挺举

---

[1] 该部分主要参考《运动回家之举重：马戏团表演变奥运竞技项目》，https://sports.huanqiu.com/article/9CaKrnJwqFP。

世界纪录,成为中国第一个打破世界纪录的运动员。中国举重队随后一发不可收拾,在世界举坛刮起一股"中国旋风"。进入21世纪,中国举重队势头更盛,2000年女子举重返奥运会,中国便包揽了其4枚金牌,整个悉尼奥运会中国队获得5金1银2铜。2004年雅典奥运会,中国队获得5金3银;2008年北京奥运会,中国队获得5金1银;2012年伦敦奥运会,中国队获得5金2银;2016年里约奥运会,中国队获得5金2银;2020东京奥运会,中国队更是获得了7金1银的成绩。

### (二)举重项目的特点

第一,举重项目需要运动员在短时间内具备极强的爆发力完成动作。由于运动员在举重运动中需要完成抓、提、翻、举等动作,所以需要依靠很强的肌肉力量以达到力量的瞬间爆发。这就要求运动员在平时训练中加强核心力量的训练——手臂、腹部和腰部力量。同时,在举重过程中,运动员应当快速完成举重的整体技术动作,避免运动员出现力量过度消耗问题,为运动员的整体运动发展提供最有利的比赛条件,这都需要核心力量作为成功的保障。

第二,试举时间的限定。运动员在举重过程中从出场到试举并不是不限时,而是在记录员点名后,允许有1分钟的间歇时间。最后半分钟发出信号,如连续试举时,允许有2分钟的间歇时间。试举后裁判依据试举情况给出判定,若亮起两盏(含以上)白灯便是该运动员试举成功;若亮起一盏白灯两盏红灯或三盏红灯则判定该运动员试举失败。

第三,加重原则的更改。2005年5月1日,国际举联以"1公斤规则"代替了实行了90多年的"2.5公斤规则"。并在北京奥运会是奥运举重比赛中首次使用该规则。所谓"2.5公斤规则"是指除破世界纪录时可以0.5公斤的倍数加重外,其他时候杠铃重量只能是2.5公斤的倍数;"1公斤规则"则要求杠铃加重以1公斤的倍数进行。

### (二)举重项目解说的案例分析

我们以2020东京奥运会男子举重67公斤级决赛为例,列出中国运动员谌利军在挺举第一把的现场解说,来分析举重项目的体育解说特征。

  接下来谌利军要上场了,谌利军也得拼出来了。他把自己的开把重量降到了175公斤,之前定的178开,但是还是降到了175,我们还是要一个比较稳妥的开把重量。谌利军在抓举比赛中暂时落后抓举的领先者莫斯克拉有6公斤,挺举比赛必须要拼出来,把自己挺举的最好水平要发挥出来。开把重量175,完全是自己能力范围内的重量,保证成功率。

  (谌利军试举过程中留白)

  没问题!稳稳地举起了开把175公斤这个重量。

  (慢动作回放)谌利军需要这一把的成功来给他积累信心,提升士气。抓举比赛只成功了一把,确实这个成功率是比较低的,也影响了一些在比赛中的战术安排。

  (运动员间歇)挺举没有什么好保留的了,第二把直接加到了185。这个重量暂时放在这儿,先看其他运动员。185这个重量有可能会让所有运动员都上来举第二把。(录自2020东京奥运会男子举重67公斤级决赛的体育解说)

  这是谌利军从上场到试举结束后的完成解说。从中可以看出:第一,运动员在试举前,体育解说员需要介绍该运动员本场比赛的基本情况,包括已有的举重成绩和排名,以及该把试举重量。第二,在运动员试举过程中基本采取留白。由于举重项目试举时间短,根据这一运动特点,解说员以留白形式保证观众在整个试举过程中观看的完整度。有时候在试举过程中解说员也不是完全留白,但也只是用非常少的专业术语进行描述,例如"挺住""翻转""上送"。第三,在运动员试举结束后,体育解说员会根据现场情况来判定运动员的试举是否成功。第四,在慢动作回放时,会详细分析运动员在这一把试举时的动作使用,成功或失败的原因,以及未来比赛走势等。

## 二、跳高项目的体育解说

### (一)跳高项目的简介

跳高作为一种游戏活动可以追溯到远古时代,起源于越过垂直障碍的活动。跳高运动在各个国家的不同时期都曾广为流传。在古代日耳曼人中曾盛行过跳越横排马匹的比赛,有人最多跳越过横排着的6匹马。非洲的图西人还曾有过利用厚木头的跳板或石头踏跳进行的跳高比赛。现代跳高运动始于欧洲。1827年,威尔逊在英国举行的首届职业田径比赛中跳出1.575米,这是第一个有记载的世界跳高成绩。19世纪60年代后,跳高开始在欧洲和美洲普及。跳高运动的技术动作出现过5次重大演变,即跨越式、剪式、滚式、俯卧式和背越式,现代绝大多数运动员都采用背越式。男、女跳高分别于1896年、1928年被列为奥运会比赛项目。[1]

中国的跳高运动在新中国成立后才有了较大发展。1970年,倪志钦以2.29米的成绩打破了男子跳高世界纪录。1981年,朱建华在第4届亚洲田径锦标赛上跳过2.30米,打破倪志钦保持了11年之久的2.29米的亚洲纪录。2013年,在全国室内田径锦标赛中张国伟以2米32打破了朱建华保持了27年的室内全国跳高纪录。2015年,他在北京世界田径锦标赛男子跳高比赛中以2米33的成绩获得亚军。

### (二)跳高项目的特点

第一,助跑的重要性。运动员起跳前的助跑决定了其起跳高度和动作完成质量,甚至影响最后过杆成功率。助跑的节奏要快,特别是助跑最后两步髋关节前送幅度要大,迈步时上体保持较垂直的姿势,摆动腿积极,充分后蹬,起跳腿快速前伸,同时髋部自然前送。助跑过程中两臂应积极

---

[1] 王海青:《田径运动赏析》,北京:新华出版社,2008年,第77页。

有力地前后摆动,弧线跑时外侧手臂摆动幅度应大于内侧手臂的摆动幅度。①

第二,起跳过杆姿势各异,但以背越式为主。过杆技术有跨越式、剪式、滚式、俯卧式、背越式等。但是目前运动员所采用的姿势基本都是背越式。1968 年的第 19 届墨西哥奥运会上,福斯贝里以 2.24 米的成绩获得冠军,也由此被称为"福斯贝里式"。他采用新的跳高姿势比当时的"俯卧式"跳高姿势相对简单。此后,这种"以'福斯贝里'命名的跳高姿势,很快风靡全球,并形成了'背越式'热"②。

(二)跳高项目解说的案例分析

我们选取 2020 东京奥运会跳高资格赛为例,对跳高项目的体育解说进行分析。

> 古巴选手扎耶斯在日本选手之后,第二个出场。扎耶斯目前世界排名第九,最好成绩是 2 米 31。今天这个晋级线设定在 2 米 30,对于大部分选手来讲都是有不小的考验。现在无论是跳高还是跳远的比赛,选手对于加速,包括最后步点的调整都有很高的要求。因为你有速度的带动,才能把加速力量转化为起跳高度。那么助跑和起跳的衔接,就显得很重要。这个高度对于大多数选手还是没有太多的压力,2 米 17,都是比较轻松地通过。

(录自 2020 东京奥运会跳高资格赛的现场解说)

这是古巴选手扎耶斯从出场到完成试跳后的这一过程的体育解说,以此来看其解说特征:第一,运动员出场时需要介绍其基本情况,包括运动员的姓名、国籍、年龄、世界排名、过往成绩,最好成绩等。第二,无需过多描述画面。由于每名运动员每次试跳用时很短,所以体育解说员不用

---

① 《跳高教学》,https://www.sohu.com/a/166357163_525973.
② 冉勇:《田径运动教学与训练实践研究》,吉林:吉林人民出版社,2017 难,第 206-208 页。

在运动员试跳时进行过多的画面描述。同时，运动员试跳成败可以一目了然，所以体育解说员也不用一一介绍运动员试跳的结果。有时候在比赛刚开始时，运动员压力不是很大的时候，体育解说员可以在介绍运动员基本情况后，在其试跳过程中可以加入一些背景资料，来加深观众对比赛的理解。有时候也可以选择留白。第三，慢动作回放时分析运动员表现，以及体育解说员自身的感受。例如通过这个案例看出，第二名运动员古巴选手扎耶斯完成第一次试跳后，在慢动作回放时，体育解说员在解读2米17这个高度对运动员的压力很小之外，还加入了自身对跳高比赛的理解——助跑中加速的重要性。其对所有跳跃项目都适用，速度的带动有助于瞬间释放爆发力，并将其转化为起跳的力量。这样的解说，既可以避免重复观众很轻易看明白的画面，又可以帮助观众加深对跳高比赛、参赛运动员情况的了解，这样让解说更加立体、生动。

### 三、小结：快速力量型项目的解说方法

通过对举重和跳高项目体育解说的分析，可以发现快速力量型项目的解说有以下共同点：

第一，解说节奏较为缓慢。体育解说的节奏要依据运动项目的整体节奏而定。在举重或跳高项目中，每名运动员每次出场后的间歇拖慢了比赛的整体节奏。如此一来，体育解说员需要配合画面和赛事进程，以较慢的语速和适度留白或停顿，来缓和解说节奏。

第二，描述性语言简洁精炼。由于每名运动员每次出场试举或试跳用时短，需要身体力量的瞬间爆发来获取足够能量来完成比赛，所以体育解说员要么在这一过程中留白，要么在以简洁精炼的语言实现"声画合一"。

第三，慢动作回放时进行解读评论。每名运动员每次试举或试跳后都会慢动作回放让观众回味方才运动员的表现，这时是体育解说员深入解读和评论运动员表现的最佳时机。慢动作回放往往以不同视角呈现，所以解说员可以通过不同角度来对运动员的动作完成度进行更加细致的观察，从

而进行详细说明。

第四，补充背景资料。融媒体语境下的快速力量型项目解说，更加符合用户视听习惯。体育解说员不再纠结于每一个画面，不必把每一个画面转化为解说语言并交代清楚，而是在一目了然的画面中，以补偿性语言来填补画面不能展现的信息。例如，在运动员完成每一次试举或试跳后，不必介绍每个人的成功与否，这是一目了然的，在这里补充一些和运动项目相关的技术信息、运动员个人信息，甚至对当前形式的判断。这才使上述跳高项目在解说中一览无遗，以此更好地利用有限的解说时间来增加有效信息量，丰富整个解说的叙事内容。

## 第二节 速度型项目的体育解说

速度型运动项目包括短跨类（短跑、跨栏跑）、短距离游泳、短程自行车等。这类项目的主要特点是速度快、距离短、用时少、比赛刺激激烈、不确定性大等。本节以短跨类项目和短距离游泳为例，来分析融媒体语境下该类项目的体育解说方法。

### 一、短跨类项目的体育解说
#### （一）短跨越类项目的简介

短跑需要运动员发挥并达到最大的体能极限，以最快速度在相对较短的距离中进行竞技比拼的项目。目前该项目分为男子100米、200米、400米、110米栏、400米栏、4×100米接力，4×400米接力；女子100米、200米、400米、100米栏、400米栏、4×100米接力、4×400米接力。短跨类项目在公元776年的第一届古代奥林匹克运动会中就已经存在，可谓是历史悠久，而且成绩也在逐渐提升。拿男子100米、200米和400米跑来说，1894年，世界拥有了第一个100米的世界纪录，成绩为

11″2。1968年，世界记录被改写为9″9（电动计时的纪录是9″95）。目前世界纪录是由牙买加"闪电"博尔特在2009年柏林世锦赛上创造的，成绩为9″98。1900年，200米被正式列入第二届奥运会的比赛项目，当时成绩为22″2。1968年，200米的记录被改写为19″83（电动计时）。目前世界纪录同样是由牙买加"闪电"博尔特在2009年柏林世锦赛上创造的，成绩为19″19。1896年，在第一届近代奥林匹克运动会上所创造的400米纪录是54″2，1968年，又创造了新的世界纪录，成绩是43″86的世界纪录（电动计时）。目前世界记录是由南非选手瓦伊德·范尼凯克在2016年里约奥运会上创造的，成绩为43″03。

中国在短跨类项目中虽然起步晚，但是经过多年发展，目前也取得了较为喜人的成绩。1936年，中国运动员刘长春参加了第11届奥运会，由于连日海上颠簸造成体力消耗较大，而未能取得好的成绩。但这是中国人第一次站在奥运会的短跑赛道上，可以说已经是重大突破了。进入21世纪，中国在短跨类项目迎来大爆发。2004年的雅典奥运会，中国短跨类项目实现金牌零的突破，刘翔在110米栏中力压群雄，以12″94的优异成绩夺冠。在2006年，在瑞士洛桑田径超级大奖赛中，刘翔又以12″88的成绩打破世界纪录。在100米项目中，2015年，苏炳添在国际田联钻石联赛美国尤金站中以9″99的成绩获得男子100米第三名，成为首位进入10秒关口的亚洲本土选手。2017年，他在国际田联钻石联赛上海站男子百米赛以10″09夺冠。2018年，他在国际田联世界室内巡回赛男子60米中以6″43夺得冠军，并刷新亚洲纪录。2020东京奥运会上，苏炳添在男子100米半决赛以9″83秒刷新亚洲纪录，并在决赛中以9″98获得第六名。中国男子接力队在里约奥运会和东京奥运会中都获得了第四名的好成绩。中国女子短跨项目也有很大提升。例如2018年，在国际田联钻石联赛伦敦站，韦永丽领衔的中国女子4×100米接力队以42″59的成绩获得亚军。2020年，在美国"Tyson Invitational"室内田径赛女子60米决赛中，韦永丽以7″35获得亚军。2020东京奥运会，韦永丽领先中国女子接力队在4×100米接力比赛中以 42"71 的赛季最好成绩获得第 6 名。

(二) 短跑项目的特点

第一，备受瞩目的田径赛事。由于短跑比赛激烈刺激，给观众以强烈的视觉冲击力，所以在各种大型赛事中，都备受瞩目。例如 2010 广州亚运会，在 110 米栏决赛前央视预计 6 亿人将观看刘翔比赛，收视率或超《新闻联播》。还有 2020 东京奥运会，苏炳添在决赛中的央视收视率突破 7.5，超越开幕式时的收视率 5。这些数据足以证明短跨类项目受关注度。

第二，比赛悬念频出。由于短跨类项目运动员速度快，比赛距离相对较短，所以不确定性因素增加，经常会出现"貌似"同时冲过终点线的情况，这时就需要借助技术手段来判定最后赢家。例如在 2011 年世界大运会男子 100 米决赛上，牙买加选手雅克和立陶宛选手里蒂斯几乎同时撞线，两人成绩均为 10"14，后经过裁判判定，前者获得金牌，后者获得银牌。就是这种不确定性，增加了比赛的神秘感和不可预知性，在"一切皆有可能"的情况下，紧张、压力、刺激共存，令比赛更加受到关注。

(三) 短跑项目解说的案例分析

我们以苏炳添在 2020 东京奥运会男子 100 米半决赛的体育解说为例，来分析短跨类项目的解说。

苏炳添第三次登上奥运会百米飞人的半决赛，事不过三，希望有突破。把每一个环节做到极致，他的经验非常丰富。他 31 岁，应该是这个月底就满 32 周岁了。苏炳添加油！现在看起来十秒大关就是晋级线。不过（他）只要跑出今年的最好成绩，就有机会直接晋级。比赛发枪！苏炳添起跑加速不错！苏炳添领先，顶住！苏炳添加速！有啦，苏炳添加速，保持住！苏炳添冲刺！喔，应该是小组前两名！！这组（运动员成绩）非常接近，但苏炳添应该有啦。苏炳添这一枪跑得完美，非常棒。他自己已经开始提前庆祝。这一枪苏炳添从起跑开始,每个细节都非常完美。苏炳添,马上要到32岁的老将,有机会踏上奥运会百米飞人大战的决赛赛场!这一组有多名选手在撞线的一刻非常接近,要等待最后高速摄像的照片。苏炳添小组第一,创造了历史!成为了第一个进入奥运会百米飞人决战的黄种人!创造了中国田径新的纪录!他跑出了新的亚洲纪录9秒83!天啊,马上要到32岁的老将,你永远不知道他的潜能在哪儿。9秒83,新的亚洲纪录!来自中国选手苏炳添,这是中国田径值得记忆的一天,这也是亚洲田径新的突破!(录自2020东京奥运会男子100米半决赛的体育解说)

从这段解说我们可以看出:第一,发枪起跑前对运动员的介绍。该段解说是截取了部分的运动员介绍,如果按照整场比赛视频来看,每名运动员亮相时都会有特写镜头,这时体育解说员应该实时介绍其基本情况。由于中国运动员苏炳添第三次站在奥运会100米半决赛赛场上,具有重要的历史意义,同时肩负着能否更进一步的重任,所以作为解说员,同样感到民族荣誉感,于是对这个信息点会加以渲染。第二,发枪后语速和情绪要和运动员加速保持一致。受到比赛节奏和气氛影响,体育解说员必须运用较快语速对运动员表现实时说明,要跟上比赛画面,不能脱节。同时,运动员处于加速状态时更加剧了比赛的紧张感,这时解说员的情绪也要有一个加速的过程,在运动员冲过重点的一刻达到峰值。第三,赛后体育解说员需要调整好情绪,对比赛的经过进行分析评论。运动员冲线后,会有一段时间来等待最后成绩的公布,这时解说员需要调整一下刚才激动的情绪,以较多的理性去分析比赛过程。第四,成绩公布后,体育解说员需要更加深入地进行评论。在苏炳添跑出9″83后,现场解说员继续推动情绪,来表达自己对运动员和该成绩的激动之情,以及表述这个成绩的重大意义。

## 二、短距离游泳项目的体育解说

### (一)游泳项目的简介

解说短距离游泳项目,离不开对游泳整个大项的理解。17世纪60年代,英国不少地区的游泳活动就开展得相当活跃。1828年,英国在利物浦乔治码头修造了第一个室内游泳池,这种泳池到19世纪30年代,在英国各大城市相继出现。1837年,在英国伦敦成立了第一个游泳组织,同时举办了英国最早的游泳比赛。竞技游泳,从第一届奥运会(1896)就列入了奥运会正式项目。发展到现在,各种锦标赛、国际大型比赛不断推动着竞技游泳的发展,使它的技术动作更完善,创造了一个又一个优异的成绩。[1]在1912年的第5届奥运会,女子游泳被列为比赛项目。1956年,第16届奥运会,又增加了蝶泳,从此定型为4种泳姿。此后的奥运会游泳比赛发展到共有自由泳、蛙泳、蝶泳、仰泳、混合泳和接力(自由泳与混合泳)6大项32个小项,是奥运会仅次于田径运动的金牌大户。[2]

中国是世界泳坛的一支劲旅。例如罗雪娟是女子泳坛乃至世界泳坛蛙泳项目的顶尖高手,被称为"蛙王"。她在2003年世锦赛中获得女子50米蛙泳、100米蛙泳、4×100米混合泳接力赛三枚金牌。2004年雅典奥运会,她夺得女子100米蛙泳冠军,并且刷新女子100米蛙泳奥运会纪录。刘子歌是女子200米蝶泳世界纪录的保持者,女子100米蝶泳亚洲纪录的保持者。她在2008年在北京奥运会女子200米蝶泳决赛中打破世界纪录,获得金牌。张雨霏夺得2020年东京奥运会女子100米蝶泳银牌,东京奥运会游泳女子200米蝶泳金牌,并创造了新的奥运会纪录。在接力方面,张雨霏为中国队夺得奥运会女子4×200米自由泳接力金牌,并夺得了东京奥运会4×100米混合泳接力银牌。在男子选手中,例如孙杨是男子1500

---

[1]《游泳技术的起源、沿革与发展》,http://2008.sohu.com/20070731/n251341079.shtml.
[2]《奥运项目介绍:游泳(SWIMMING)》,http://sports.china.com.cn/qita/liyueaoyunhui/xiangmujieshao/detail1_2016_07/26/495759.html.

米自由泳世界纪录保持者、男子400米自由泳奥运会纪录保持者。2012年的伦敦奥运会,他获得了男子400米和1500米的自由泳冠军,实现中国男子游泳项目金牌"零的突破"。还有汪顺也是中国出色的游泳运动员,他在2020东京奥运会获男子200米混合泳冠军。

### (一)短距离游泳项目的特点

第一,游程距离短。短距离游泳是指游程在400米以下的游泳项目。主要包括男、女子项目50米、100米、200米的不同泳姿的比赛,以及4×100米、4×200米的接力赛。

第二,泳姿、动作规定严格。游泳比赛泳姿分为蛙泳、蝶泳、仰泳、自由泳。运动员需要严格按照泳姿规定进行比赛,同时出发、转身、划水、打腿、触壁等动作也有严格规定。

第三,比赛紧张刺激。由于比赛距离短,同短跨类项目一样,充满了不确定性。有时候会出现几名运动员并驾齐驱的场面,甚至同时触壁。紧张刺激的场面带来了观众的高度关注。例如2017年国际泳联世锦赛,"CCTV-5赛事直播平均收视率0.30%,单场最高收视1.07%。"[①]

### (二)短距离游泳项目解说的案例分析

我们截取2020东京奥运会男子4×100米自由泳接力决赛的片段,对其体育解说进行分析。

**(运动员出场,体育解说员对每支代表队进行介绍)**

> 比赛开始,男子4×100米自由泳接力比赛。德雷赛尔不愧是世界上最优秀的自由泳运动员,他的动作也被当为教科书,现在是作为美国游泳选手入门的教学基础教材。现在德雷赛尔第一个100米是优于世界纪录的。俄罗斯奥运队是排在第二位。如果在今天的比赛中,德

---

① 《国际泳联世锦赛受关注,游泳比赛收视领衔》, https://www.sohu.com/a/161968224_498697.

雷赛尔在第一棒可以争取足够多的优势，就可以让队友少承担一些压力。现在排名前三位的选手都是领先于世界纪录。

……

最后一个转身。美国队领先第二名0″89，领先第三名1″19。进入到最后冲刺阶段了！还剩最后的25米。澳大利亚已经赶上来了，来到第三的位置。澳大利亚队是凭借查尔莫斯的优异发挥，在最后时刻站上了领奖台。美国队则是从头到尾一直保持领先的位置。3分8秒97。（录自2020东京奥运会男子4×100米自由泳接力决赛的体育解说）

从这段解说中可以看出：第一，实时描述场面。从比赛开始后，解说员需要对运动员的名次、所用时间等信息进行实时介绍，以保证观众更加清晰地观看比赛。第二，补充赛场外信息。在比赛还没有进行到最后冲刺关头，体育解说员可以补充一些场外信息来深化比赛看点。例如上述解说词中对美国选手德雷塞尔游泳姿势的信息补充——由于其非常标准，所以在美国被当作教科书。第三，在冲刺阶段加快语速，提升情绪。短距离游泳比赛一般在最后一个转身后的50米为冲刺阶段，各位选手在这最后的距离中加快划水速度，以力求争取好的名次。这一阶段，解说员的语速要跟上比赛节奏，及时播报名次。第四，比赛结束时，解说员要播报最终名次和用时。

### 三、小结：速度型项目的体育解说方法

通过对短跨类和短距离游泳项目体育解说的分析，可以发现速度型项目的解说有以下共同点：

第一，理性与感性并重。从短跨类和短距离游泳看出，速度型运动项目速度快，用时短，现场紧张而刺激，所以体育解说员的情绪也需要得到

释放，引起观众的共鸣。但是由于体育解说客观性原则的存在，要求解说员在适度释放情绪的同时，也要兼顾理性，要用精炼的语句描述现场，以及客观地在赛后进行评论。

第二，赛中解说语速要和比赛节奏相统一。速度型运动项目要求运动员在有限距离中以加速形式完成比赛，这就要求解说员也要以同样的节奏来配合比赛场面。例如在百米飞人大战中，体育解说员往往以超短句，甚至词语的形式来对比赛进行描述。例如，"加速""保持住""顶住""冲刺""冲线"，用词语简洁凝练地描述短短十秒左右的比赛。短距离游泳比赛也是如此，尤其是进入到最后50米冲刺阶段，解说员没有太多时间对语言进行修饰，往往直截了当地描述场面。

第三，赛后需要对比赛过程进行评论。运动员在冲线后，会有一定时间留给运动员等待成绩和欢呼庆祝。这一时间是体育解说员进行评论的最好时机。一是对比赛过程进行回顾和解读；二是对运动员最终表现以及其成绩的意义（比如是否打破世界纪录、创造历史等）进行说明和评论。

第四，解说时要充满激情。融媒体语境下的该项目解说的最大影响应该是如何调动激情和感染力。既然该项目类型充满刺激，那么体育解说员应该要点燃观众的情绪，发挥"炮捻儿"的作用。尤其是在决赛中，众星云集，让观众大饱眼福。所以，体育解说员在解说中声音要具有爆发力，也要充满激情，解说节奏随着比赛进程而叠加和递进，从而点燃观众的热情。

## 第三节 耐力型项目的体育解说

耐力型项目包括马拉松、竞走、越野滑雪、赛艇等项目。这类运动项目的特点是耗费时间长，参赛人数多，速度相对较慢。本节以越野滑雪为例，来分析融媒体语境下该类项目的体育解说方法。

## 一、越野滑雪项目的简介

欧洲滑雪的起源地一般被认为是斯堪的纳维亚半岛，具有5000年以上的历史，"滑雪的英文'ski'，源于古斯堪的纳维亚语，意为被劈开的木头或木棍。越野滑雪最初被赋予了浓厚的军事色彩。"①据记载，1206年挪威内战时期，两名被称为"桦木腿"的侦察兵斯凯夫拉和斯科卢卡，怀藏两岁的国王哈康四世，滑雪翻越高山，摆脱了敌人。

越野滑雪作为运动项目，在1924年首次被列入冬季奥运会比赛项目。越野滑雪目前共设有12个小项，分别为：男子双追逐、个人短距离、团体短距离、4×10公里接力、15公里、50公里集体出发，女子双追逐、个人短距离、团体短距离、4×5公里接力、10公里、30公里集体出发。纵观冬奥会越野滑雪的奖牌分布，北欧三国挪威、瑞典、芬兰囊括了绝大部分的奖牌，其中挪威更是集大成者，迄今每一届冬奥会均有越野滑雪的奖牌入账。2002年盐湖城冬奥会，"越野滑雪项目首次有超过10个国家获得奖牌，激烈的竞争使越野滑雪的观赏性大幅提升。"②

越野滑雪项目经过将近百年的发展，涌现出了许多名优秀的运动员。例如芬兰运动员海曼莱宁，她在1978年获4×5公里接力冠军，1982—1984年获世界杯大赛总成绩冠军，6次获世界杯单项比赛冠军。挪威选手比约恩·戴利，他是多项奥运会纪录的保持者。在20世纪90年代，他是唯一赢得8枚奥运会金牌的运动员，还是唯一一位在个人项目上夺取6枚奥运金牌的运动员。还有挪威选手玛莉·比约根，她在2002—2018期间举办的历届冬奥会上，共摘得15枚奖牌。在2018年平昌冬奥会30公里集体出发项目中获得的金牌。中国在这个项目处于劣势，但是也不乏出色

---

① 《国家发展改革委等：关于印发〈冰雪运动发展规划（2016-2025年）〉的通知》，http://www.gov.cn/xinwen/2016-11/25/content_5137611.htm。

② 陈宇：《欧美越野滑雪文化发展历程、经验及启示》，《安徽体育科技》，2021年第2期，第27页。

的运动员。例如王春丽，她在 2005 瑞典国际 FIS 积分赛自由式 5 公里获得第一名。在 2007 年亚冬会越野滑雪女子短距离自由式比赛中，以 0.09 秒的微弱优势获得金牌，结束了中国亚冬会历史上从未在这个项目上获得个人金牌的纪录。

## 二、越野滑雪项目的特点

第一，有氧与无氧混合供能。由于越野滑雪用时长，节奏较慢，是集耐力、体能和速度一体的运动，应该说其是有氧项目。但是运动员在有氧状态下，在关键时刻，例如冲刺时，也必须迅速提升速度，以最大的耐力保持快速滑行以争取好成绩，这时又是无氧阶段。所以，越野滑雪项目是有氧和无氧混合供能，这就需要运动员具备良好的心肺功能和心理素质。

第二，具有两种技术规则。越野滑雪有传统式和自由式两种技术规则。运动员在比赛时要严格按照规定的技术规则来确定其滑行技术。传统技术包括交替滑行、双杖推撑滑行、无滑行阶段的八字踏步、滑降以及转弯技术。在不超越前方对手时，必须在规定的雪道中滑行。自由技术对技术动作没有限制。

第三，要求运动员灵敏与柔韧。越野滑雪是在山丘雪原中进行，地形复杂，弯道颇多。上坡、下坡和平地各占比赛全程的三分之一。这就需要运动员与滑雪板、滑雪杖协调配合，在训练中提升灵敏度和柔韧性，以便在比赛过程中对各项突发情况进行灵活处理。

## 三、越野滑雪项目解说的案例分析

我们截取 2018 年平昌冬奥会女子越野滑雪 7.5+7.5 公里双追逐赛的片段，对其体育解说进行分析。

比赛开始。所有的 62 位选手冲出了出发线。他们要在整个赛道中运用传统技术滑行 7.5 公里，之后在换板区，更换装备，再进行 7.5 公里的自由式滑行。经历了四年的磨练，大家储备力量，都希望在平昌冬奥会展现自己最好的水平。当然有经验的选手善于控制节奏，尤其是第一天第一项。这一项出发是非常重要，阿尔卑西亚这个场地，在出发后100米之后是一个弧度非常大的上坡。这个传统赛道最大坡是海拔58米，爬行单次最高坡是33米，整个爬行高度总体是133米，在3.75公里的赛道上要完成两圈。这个赛道相比四年前索契冬奥会来说难度更大……传统式技术是运动员采取交替支撑和双杖推撑同时前进的技术，它要求运动员对基本技术、基本能力非常的高，对于运动员的柔韧性、控制力和力量要求也非常高。它不允许运动员有蹬冰的动作，选手们在雪辙当中完成快速地滑行……选手要在换道超越的时候提醒前面的选手，要敲击前面选手雪板的后沿儿，然后一步蹬冰的动作来完成超越……大家看似非常平静，其实是暗流汹涌。现在比约根是采取跟随战术，排在第一位的是来自瑞士的选手赛本塔尔。现在运动员采用的是双杖推撑，一步蹬冰的动作……（录自2018年平昌冬奥会女子越野滑雪7.5+7.5公里双追逐赛的体育解说）

从这段解说中可以看出：第一，解说语速较慢。由于耐力型项目特点决定了整个比赛节奏，所以在解说时体育解说员可以非常从容、平和地应对。第二，关注赛事实时状况。运动员的体能分配，排名与耗时，赛事进行至何种阶段，当前运动员的技术动作，有无超越、摔倒等情况，需要体育解说员着重关注并及时传达。例如上述解说中提及"排在第一位的是来自瑞士的选手赛本塔尔""现在运动员采用的是双杖推撑，一步蹬冰的动作"。第三，比赛中需要填充大量背景资料。由于耐力型项目耗时长，所以体育解说员无需频繁地传达实时信息，而是在其中补充和赛事相关的信息、比赛的相关规则、著名运动员的相关成绩等。就越野滑雪来说，该项目在中国的普及度不高，对中国观众来讲比较陌生，所以在比赛中体育解说员一定要普及该项目的一般规则，例如何为传统式滑行和自由式滑行？滑行规则分别是什么样的？赛道的情况是什么？对运动员的素质要求如何？这些相关情况都需要解说员以通俗易懂的语言进行解说。

### 四、小结：耐力型项目体育解说的方法

通过对越野滑雪项目体育解说的分析，可以发现耐力型项目的解说有以下共同点：

第一，利用比赛用时长，充分发挥解说自由度。在耐力型项目中，由于整体节奏慢，体育解说员不用实时介绍场面，也不用较快语速跟上比赛进程，语势更不用较大起伏，所以其解说自由度比较高。这种自由度意味着需要补充大量背景资料，例如项目规则、运动技术、运动员资料、赛场信息等。

第二，体育解说需普及基本规则。一些耐力型项目在大众中普及程度并不是太高，比如越野滑雪、竞走、赛艇等，这时就需要体育解说员在比赛开始时先要普及运动的基本规则，带领观众看懂比赛。如上述解说词中体育解说员先行介绍了越野滑雪的相关规则——何为7.5+7.5公里的双追逐赛，何为运动员的两种滑行技术，以及滑行中的技巧等。

第三，体育解说中要更加凸显文化元素。耐力型项目是运动员在规定的较长距离的赛道中完成比赛，所以在这一过程中，体育解说员可以对赛道以及赛道沿线的建筑物、自然风光进行介绍，补充一些人文知识。例如马拉松比赛，路线是围绕该城市特色和景点而设计，所以运动员每跑到一处景点，体育解说员经常会介绍其特色。从某种意义上讲，这样的解说及时为观众普及人文知识，也有助于城市名片的建设，甚至能推动该城市或该景点旅游的社会效益和经济效益。

# 第六章 技能主导类项目的体育解说

本章旨在根据项群理论,对技能为主导的运动项目解说进行分析。具体做法是,在技能主导类项群的每一子项群里列举一到两个具有代表性的体育项目,对其进行介绍,说明其项目特点,对其体育解说的案例进行分析,并在每节最后对该项群项目的体育解说方法进行归纳总结。由于上一章已经涉猎足球和篮球项目的解说,所以在这一章对同场对抗型项目的解说不再赘述。

## 第一节 表现难美型项目的体育解说

表现难美型项目包括跳水、体操、花样滑冰、蹦床等运动。这类项目具有技术难度与艺术美感兼具的特点,具有较强的观赏性。本节以跳水为例,来分析融媒体语境下该类项目的体育解说方法。

### 一、跳水项目的简介

跳水是运动员从器械上起跳,在空中完成一系列姿态然后落入水中的运动项目。跳水的历史非常久远。跳水源于人类掌握游泳技能之后。公元前5世纪,古希腊花瓶上就有描绘了一群可爱的小男孩正头朝下作跳水状的图案。17世纪,在斯堪的纳维亚半岛、地中海、红海沿岸一带的港口,从岸上、桅杆上跳入水中的活动就开始盛行了。同时,瑞典与德国的体操运动员为了安全地练习空中滚翻的动作,也在水边的高架上练习。1900年第2届奥运会上,瑞典人在特制的跳台上表演了各种跳水动作。1904年,第3届奥运会开始设立了男子高度跳水和男子跳台跳水两个比赛项目。1951年,跳水才成为规则完整的奥运会正式比赛项目。跳水比赛分为跳台和跳板。跳台跳水在离开的坚硬无弹性的平台上进行;跳板跳水在一条离开水面的有弹性的板上进行。

中国在该项目可谓是星光熠熠,中国跳水队还被成为"梦之队"。谈及中国跳水运动员,不得不提伏明霞、郭晶晶和吴敏霞。伏明霞在1992年参加巴塞罗那奥运会,获10米跳台冠军,成为世界跳水史上最年轻的奥运金牌得主。1996年亚特兰大奥运会,获跳台、跳板双料冠军。在2000年悉尼奥运会女子单人3米板决赛中,伏明霞以609.42分的成绩,实现卫冕。夺冠后她说:"我真的是顶到了最后一个动作,才拿下了我一生中最艰难、份量最重的这块金牌。"①1995年9月，郭晶晶就与王睿合作获得第九届世界杯跳水赛女子双人跳台金牌，与邓琳合作获跳板金牌。2001年全国运动会女子1米跳板、3米跳板冠军，同年的世锦赛3米跳板单人、双人冠军，2003年巴塞罗那世锦赛女子3米板单双人冠军，2004年雅典奥运会获得3米板单双人两枚金牌，2005年世锦赛和2007年世锦赛都是两金加身，而2008年北京奥运会上与吴敏霞搭档以343.50的总分毫无悬念地摘得冠军，2009年世锦赛是她最后一次征战国际大赛，连续第五次在世锦赛上包揽了3米板单、双人金牌，成为世锦赛双料五连冠第一人。②吴敏霞在2004年雅典奥运会，搭档师姐郭晶晶，一举夺得女子双人三米板的冠军。2008年北京奥运会，吴敏霞继续搭档郭晶晶，成功卫冕女子双人三板冠军。2012年伦敦奥运会，随着郭晶晶的退役，与吴敏霞征战双人三米板的搭档换成了何姿。二人不负众望，以346.20分折桂，这也是吴敏霞第三次获得该项目金牌。随后，在女子单人三米板决赛中，吴敏霞发挥出色，5跳以414.00的高分轻松夺冠。③

## 二、跳水项目的特点

第一，技术难度高。国际跳水竞赛规则为每一个跳水动作确定了相应的难度系数，它根据动作组别、竞赛项目（跳板、跳台）、器械高度、动作姿势和翻腾转体的周数等方面的差异来确定其数值。运动员跳水时，动作简单，难度系数就低；动作复杂，难度系数就高。

第二，艺术表现力强。蒋涛和赵歌从美学视角探讨了竞技跳水运动"形式美"的构成要素。他们认为，"竞技跳水形式美是一种人体艺术活生生

---

① 《跳水运动员伏明霞》，https://baobao.sohu.com/20080730/n258480217.shtml.
② 郭晶晶开创属于自己时代 从土妞修炼成名媛，https://www.163.com/sports/article/8EH09B5H00051CAQ.html#p=8FGAM18N4FFC0005.
③ 《人大学子吴敏霞奥运四连冠 成奥运跳水史上第一人》，https://news.ruc.edu.cn/archives/142837.

的展示，具有不同于其他艺术品的意蕴和魅力，它还常常借助身体姿态、技术环节、力量和速度以及柔韧、幅度、稳定、新颖、节奏、编排、结构、造型等因素来表现其独特的美学特征。"[①] 例如世界"跳水王子"，美国跳水选手格雷戈里·埃夫西米奥斯·洛加尼斯，他的跳水是一种力与美的高度结合。他的技术运用恰到好处，力道十足但不笨拙，姿势优美舒展，可以达到一个令人如痴如醉的境界。

### 三、跳水项目解说的案例分析

我们选取2020东京奥运会跳水女子双人10米跳台比赛中中国选手"奇袭"组合张家齐和陈芋汐的前两轮跳水表现，对其体育解说进行分析。

（第一轮）下面就要轮到陈芋汐和张家齐了。昨天中国队在男子双人跳板项目中冲击失败，所以对这两位小姑娘来说，今天出战多少还是有点压力。漂亮！没有问题。张家齐在2019年的世界锦标赛上，和四川选手卢为搭档，参加这个项目的比赛，并且拿到冠军。女子双人10米跳台也是所有八个跳水单项当中，唯一一个从进入奥运会中国队就保证金牌的项目，我们也希望张家齐和陈芋汐能够把这个荣誉延续下去，拿到53.40分，发挥还是很棒的。

（第二轮）来看一下张家齐和陈芋汐的第二跳。漂亮！余晓玲教练也非常地开心。现场已经爆出满分了。远端是陈芋汐，她在这一跳中已经是完全刷屏了。陈芋汐的技术分也是给到了三个十分，确实没有任何扣分点。这一跳中国队拿到了接近满分的成绩，57.60分。两跳之后

---

[①] 蒋涛、赵歌：《美学视角下竞技跳水运动"形式美"的构成要素》，《运动》，2012年第18期，第21页。

以111分非常高的成绩排在第一位。（录自2020东京奥运会跳水女子双人10米跳台比赛的体育解说）

从这段解说可以看出：第一，播报上场选手，以及选手的基本情况。体育解说员除了播报中国出场选手姓名——陈芋汐和张家齐外，还简要介绍了昨天男子比赛的情况，以及其是否会带给两位中国姑娘一些压力。第二，需在运动员从准备起跳到落水之间留白。这段时间很短，体育解说员无法判断运动员动作完成情况，所以需要采用留白的方式。第三，需在运动员落水后第一时间分析其整套动作完成情况。体育解说员根据运动员入水后激起的水花判断其完成情况，然后进行分析。通常运动员在等待成绩时，转播中会插入慢动作回放，解说员可以根据运动员刚才的表现进行解读评论，以及可以介绍一些其他相关信息等。第四，播报分数和排名。当画面切入运动员得分以及整个排名时，体育解说员需要对分数和排名进行播报。

### 四、小结：表现难美型项目体育解说的方法

通过对跳水项目体育解说的分析，可以发现表现难美型项目的解说有以下共同点：

第一，赛前需要对基本情况进行介绍。赛前，体育解说员需要对赛事、运动员等基本情况作简要介绍，以及对其选择的动作及难度系数作出说明。例如上述比赛事例中，在第四轮中，体育解说员说道："最后登场的中国选手张家齐和陈芋汐。在这一轮她们要做的是407抱膝，向内翻腾三周半，加油。"这里面包含了运动员姓名，动作名称，难度系数，以及该套动作如何完成等基本信息。

第二，赛中需要保证信息的实时传达或选择留白。如前文所述，跳水比赛在赛中由于运动员用时短，体育解说员可以选择留白，待到入水后再对运动员整体表现进行解说评论。但在其他一些例如体操、蹦床、花样滑冰等项目中，由于运动员用时比跳水相对较长，同时这些项目都需要一整

套较为复杂，同时考验运动员协调性的动作来完成比赛，所以体育解说员在此期间需要对运动员的技术动作动作难度、连接难度、细节，以及是否有加分或减分等情况进行实时解说。

第三，赛后需要对比赛走势进行判断。例如上述比赛事例中，张家齐和陈芋汐在第四轮完成后，由于完成得非常完美，现场解说员很容易就可以对未来比赛走势进行判断，她说："这个动作跳下来，只要最后一轮正常发挥，中国队应该就可以锁定这枚金牌。在整个赛季中，张家齐和陈芋汐在这个动作中，有效分从没有低于九分。今天在每一跳中，都发挥了训练中的较好水平。她们在这一跳后取得 297.30 分，已经大幅度超越了第二名美国队。"对比赛走势的分析，是基于体育解说员对运动员整体动作完成表现（包括技术难度、技术准确度、艺术美感）来进行分析，为观众观看之后的比赛提供指南。

## 第二节 表现准确型项目的体育解说

表现准确型项目包括了射击、射箭、台球等，其主要特点是运动员在比赛过程中瞬间击发或击打机械，强调击发或击打的准确度。本节以射击为例，来分析融媒体语境下该类项目的体育解说方法。

### 一、射击类项目的简介

射击是一项运用枪支击打目标，从而体现准确度的运动。其最早起源于狩猎和军事活动。15 世纪，瑞士就曾经举办过火绳枪射击比赛。19 世纪初期，欧洲一些国家还举行过对活鸽子射击的游戏，这是现代射击比赛的雏形。1896 年在雅典举行的第 1 届奥运会上，射击比赛设 5 个项目。1897 年举行了首届世界射击锦标赛。1920 年，第 7 届奥运会上增加到 21 个项目，也是迄今为止历届奥运会中射击设项最多的一次。

新中国成立后，中国在射击项目中开始发力。在这里不得不提中国著名射击运动员许海峰。他在 1984 年洛杉矶奥运会男子手枪 60 发慢射决赛中以 566 环的成绩获得冠军，成为该届奥运会首枚金牌得主，同时打破了中国奥运史上金牌"零"的纪录。时任国际奥委会主席萨马兰奇先生把金牌颁给许海峰时激动地说："这是中国体育史上伟大的一天，我为能亲自把这枚金牌授给中国运动员而感到荣幸。"在洛杉矶奥运会结束两个月后，许海峰做出了一个决定：将那枚珍贵的金牌捐赠给历史博物馆（现中国国家博物馆）。许海峰说："我的成功源于国家的实力。放在家里只有我一个人能看见，而在博物馆中可以让更多的人看见，比放在家里有意义多了。"① 此之后，射击逐渐成为中国在国际大赛中的优势项目，也涌现出一大批优秀运动员。王义夫、李对红、陶璐娜、庞伟、朱启南、杨凌、张山、杨倩等，他们在射击赛场上奋力拼搏，为国争光。

## 二、射击类项目的特点

第一，考验细致、沉着的心理素质。射击是一项以命中精度计算成绩的多轮次运动，所以运动员在比赛中的心理素质至关重要。作为一名优秀的射击运动员，要有坚毅的品质，以及较强的自我调整能力。一枪成绩好坏可能影响整个比赛的走势，这就需要运动员要在短时间内调整心理状态，避免大起大落，要以沉着冷静的心理对每一枪击发精益求精。

第二，考验瞬间击发时技术动作的准确程度。除了心理，射击的成绩好坏，同运动员在击枪时的技术动作息息相关。运动员在比赛中，举枪、瞄准、击发等一连串动作，都是考验其技术动作的准确度。从按压扳机到子弹出膛有 0.3—0.5 秒的反应时间，这一瞬间决定了子弹上靶的准确度。也就是说，是否接近 10 环。所以，不论是射击还是其他表现准确类项目，

---

① 王鉴欣：《许海峰：零的突破，为国争光》，《共产党员（河北）》，2021 年 Z1 期，第 117 页。

运动员技术的准确性保证了击发或击打的准确度。

### 三、射击类项目体育解说的案例分析

我们选取 2020 东京奥运会射击 10 米气手枪混合团体决赛，对其体育解说进行分析。

> 观众朋友，欢迎您跟随着电视转播的信号来到朝霞射击场，在这里马上将要进行的是 2020 东京奥运会 10 米气手枪混合团体金牌战。在金牌战当中，中国组合姜冉馨、庞伟将要出战。现在镜头对准的就是姜冉馨。两人在本次的 10 米气手枪男女的单人比赛中都是拿到了铜牌。而这一次他们站在金牌战的赛场上，就保证了可以获得一枚银牌。当然，终极目标是冲击最后的冠军，冲击最高的领奖台。这是 10 米气手枪，包括下午的 10 米气步枪混合团体第一次出现在奥运会赛场上，所以这枚金牌有着非常重要的意义。
>
> ……
>
> 看看这一轮。姜冉馨打出了 10.3，庞伟打出了一个 6.9，这的确有些出人意料。没关系，仅仅进行了两轮，后面调整自己的心态和状态。庞伟是第四次出征奥运会，在 2008 年北京奥运会上，他拿到了金牌。加上这一届的比赛，他已经拿到了三枚奥运奖牌。而这一场比赛他一定会拿到自己的第四枚奥运奖牌，就看奖牌的颜色。庞伟打出了 10.6，姜冉馨打出了 9.6……这样中国组合扳回了一城。（录自 2020 东京奥运会射击 10 米气手枪混合团体决赛的体育解说）

由这段解说可以看出：第一，整体语速较缓。由于射击比赛节奏不快，运动员完成一次射击后有一定时间进行自我调整，所以作为体育解说员来

讲，也应该以较为缓和的语速来配合比赛节奏。第二，赛前基本情况介绍。这一点和其他项目相同，都需要在比赛正式开始前把赛事和运动员的相关信息进行简要介绍。第三，报靶及分析。运动员每一次完成射击后，屏幕都会显示其成绩，这时体育解说员一定要在第一时间报靶，把运动员射击的环数准确无误地播报，以便观众了解。同时，体育解说员对运动员之间成绩进行比较并进行预测。第四，补充背景资料。由于射击比赛节奏较慢，所以这也给了体育解说员一定的话语自由。除去基本信息介绍和报靶，也可以补充一些背景资料，例如运动员的过往成绩——"庞伟是第四次出征奥运会，在2008年北京奥运会上，他拿到了金牌"，这样加深观众对运动员和比赛的理解。

### 四、小结：表现准确型项目体育解说的方法

通过对射击项目体育解说的分析，可以发现表现准确型项目的解说有以下共同点：

第一，对运动员成绩的精度计算要及时到位。由于表现准确型项目是以精度计算成绩，那么不管是射击射箭，还是台球，作为体育解说员，应该以对运动员的每次表现结果，以及比赛走势的判断都要进行"超前计算"。例如台球比赛，运动员的每次击球后，白球的走位是否会影响下一次击球？击球失误是否会给对手留下机会？下一杆是进攻还是防守？这些问题都需要体育解说员进行计算后给出相应评论。

第二，背景材料的补充。这类项目需要体育解说员进行现场描述的信息量有限，所以其必须补充背景资料来填充比赛时间，以此丰富比赛的整个过程。例如射击射箭，体育解说员只是需要在运动员的完成每轮比赛后播报成绩，以及对成绩进行相应评论。而在其他时间，给了体育解说员相对自由的发挥空间。例如射击射箭每个轮次转换的间歇，台球比赛中运动员击球前的准备时，都是体育解说员进行补充赛事和运动员相关背景资料的时机。

第三，解说时整体情绪较为平和。这类项目的一大特点是考验运动员

在场上沉着冷静的心理素质，就连其夺冠后往往也没有激情亢奋、振臂高呼的场面。为了配合这一特点，体育解说员在解说比赛时也不用情绪特别高涨，激情四射反而会影响整个解说的效果。简言之，平和与沉稳才是该类项目解说最好的情感表达方式。

## 第三节 隔网对抗型项目的体育解说

隔网对抗型项目包括了排球、乒乓球、羽毛球、网球等，其主要特点是以一网隔开比赛场地或台面，运动员在网两端进行竞赛。本节以乒乓球和网球为例，来分析融媒体语境下该类项目的体育解说方法。

### 一、乒乓球项目的体育解说

#### （一）乒乓球项目的简介

乒乓球起源于英国，"乒乓球"一名起源自 1900 年，因其打击时发出 "Ping pang" 的声音而得名。1903 年，英国人古德发明了胶皮球拍，有力地促进了乒乓球技术的发展。1926 年，国际乒乓球联合会（ITTF）正式成立，并决定举行第一届世界乒乓球锦标赛。1926 年至 1951 年，这一时期乒乓球运动的中心在欧洲，以匈牙利队最为著名。他们在 117 项次世界冠军中，他们获 57 项次，占欧洲队的一半。20 世纪 50 年代，乒乓球运动的优势转向日本。

从 20 世纪 50 年代末期开始，特别是中国队连续获得第二十六、二十七、二十八届世界锦标赛男子团队冠军后，乒乓球运动的优势转向中国。中国的乒乓球运动经过了多年发展，后来居上，在世界上已经处于领军地位，乒乓球成为中国的"国球"。中国在 1962 年开始出现在排行榜中，到 1972 年冠军数就已经升至世界第三，仅次日本和匈牙利。中国在 1987 年超过了匈牙利，开始长期位居乒乓球冠军榜单第一。此后"中国的世界冠军持续疯狂增加,除了瑞典和韩国,其他国家几乎保持'静止不动'状态。"[1]我们以奥运会为例,从乒乓球运动在1988年进入奥运会正式项目以来,中国国家队取得了一系列辉煌成绩。(见表6-1)

表6-1 中国乒乓球队历届奥运会冠军榜

| 奥运会年份 | 项目 | 冠军 |
| --- | --- | --- |
| 1988汉城奥运会 | 男子双打 | 陈龙灿/韦晴光 |
| | 女子单打 | 陈静 |
| 1992巴塞罗那奥运会 | 男子双打 | 王涛/吕林 |
| | 女子单打 | 邓亚萍 |
| | 女子双打 | 邓亚萍/乔红 |
| 1996亚特兰大奥运会 | 男子单打 | 刘国梁 |
| | 男子双打 | 刘国梁/孔令辉 |
| | 女子单打 | 邓亚萍 |
| | 女子双打 | 邓亚萍/乔红 |
| 2000悉尼奥运会 | 男子单打 | 孔令辉 |
| | 男子双打 | 王励勤/闫森 |
| | 女子单打 | 王楠 |
| | 女子双打 | 王楠/李菊 |
| 2004雅典奥运会 | 男子双打 | 马琳/陈玘 |
| | 女子单打 | 张怡宁 |
| | 女子双打 | 王楠/张怡宁 |
| 2008北京奥运会 | 男子单打 | 马琳 |
| | 男子团体 | 马琳、王励勤、王皓 |
| | 女子单打 | 张怡宁 |
| | 女子团体 | 张怡宁、王楠、郭跃 |

---

[1]《看哭了!乒乓球世界冠军数量变化,中国队198个后来居上呈碾压之势》,https://www.sohu.com/a/382450634_100205777.

续表

| 奥运会年份 | 项目 | 冠军 |
| --- | --- | --- |
| 2012伦敦奥运会 | 男子单打 | 张继科 |
| | 男子团体 | 张继科、王皓、马龙 |
| | 女子单打 | 李晓霞 |
| | 女子团体 | 李晓霞、丁宁、郭跃 |
| 2016里约奥运会 | 男子单打 | 马龙 |
| | 男子团体 | 马龙、张继科、许昕 |
| | 女子单打 | 丁宁 |
| | 女子团体 | 丁宁、李晓霞、刘诗雯 |
| 2020东京奥运会 | 男子单打 | 马龙 |
| | 男子团体 | 马龙、张继科、许昕 |
| | 女子单打 | 陈梦 |
| | 女子团体 | 陈梦、王曼昱、孙颖莎 |

## （二）乒乓球项目的特点

第一，老少皆宜，全民参与度高。乒乓球是中国的"国球"，在中国参与程度很高，这项运动对年龄基本没有要求，而且对运动器材的要求也比较简单，可谓老少皆宜。当前在很多普通民众家里，以及小区的公共体育和健身器材中，都会出现乒乓球桌的身影，人们茶余饭后打上几下，达到愉悦身心的效果。

第二，打法多样，技战术种类多。在乒乓球运动中，主要有几下几种打法：快攻结合弧圈打法、直拍快攻结合弧圈打法、横拍快攻结合弧圈打法、削球打法。运动员根据自身的打法特点，以一种为主要打法，但同时兼具其他技巧，以便在场上作出灵活反应。

第三，节奏较快，速度力量兼具。在球类运动中，乒乓球比赛节奏较快。如果交战双方实力有较大悬殊的话，整场比赛用时也相对较短。在比赛中，运动员在击球时需要瞬间发力以提升回球力量和速度，增大赢球机会。

### (三) 乒乓球项目体育解说的案例分析

我们选取2020东京奥运会乒乓球女子组个人赛半决赛孙颖莎对阵伊藤美诚的第四局比赛，对其体育解说进行分析。

> 目前中国小将孙颖莎3:0领先，接下来是双方的第四局……反手加速旋转，这球孙颖莎拉得又长又转，一直押着伊藤美诚，把她押出半台。开长球，这时候就要警惕伊藤美诚开长球搏杀的战术。还是开长的，漂亮！我们看孙颖莎在场上的应变还是很快。第一个伊藤美诚发长的之后，第二个接发球孙颖莎就侧身做好了准备。再得一分！好比训练当中的一次发球训练，一盆一盆的发球都没有白练。摆到正手小三角，打到相持当中连续扛住进攻……第四局的开局，孙颖莎打得不错。2:5……一个发球抢攻，伊藤美诚打丢了，孙颖莎再得一分。场外的李隼指导提醒场上的莎莎，这时候不能有侥幸心理，要主动地争取胜利……正手连续进攻，伊藤美诚反击……再吃一个发球！虽然发球是伊藤美诚的一个优势技术，但是在这个环节上孙颖莎一点都不落下风……（录自2020东京奥运会乒乓球女子组个人赛半决赛孙颖莎对阵伊藤美诚的体育解说）

由这段解说可以看出：第一，实时播报比分。当前乒乓球单打比赛采取七局四胜的赛制，所以体育解说员要在每一局的开始前播报局分和领先者，例如本案例是第四局，在本局开始前要播报目前局分3:0，孙颖莎领先。在局中也要适时播报比分。第二，每球开打后可以选择简要描述，或者留白。由于乒乓球节奏快，每球开打后的时长不一，所以体育解说员可以选择在双方对打中根据具体情况进行简要描述，例如"还是开长的，漂亮""一个发球抢攻，伊藤美诚打丢了"；或者选择留白，静观场上局势。第三，在每球结束后下一球开始前，体育解说员需要对上一球作出评述。例如在案例中，轮到伊藤美诚发球，第一球她采取发球抢攻搏杀的战术，打了孙颖莎措手不及。但在第二球，孙颖莎做好准备，面对伊藤美诚同样的战术时沉着应对，成功拿下这一分。这一球结束后，体育解说员对此进行分析和评述——"我们看孙颖莎在场上的应变还是很快。第一个伊藤美诚发长的之后，第二个接发球孙颖莎就侧身做好了准备。"再例如发球是伊藤美诚的优势技术，但在面对孙颖莎时却很逊色。在伊藤美诚"吃"发球后，体育解说员进一步评述——"再吃一个发球！虽然发球是伊藤美诚的一个优势技术，但是在这个环节上孙颖莎一点都不落下风。"

## 二、网球项目的体育解说

### （一）网球项目的简介

网球运动在12—13世纪孕育在法国，被称为"掌上游戏"。随后网球诞生在英国，普及和形成的高潮在美国。1873年，英国温菲尔德少校在羽毛球运动的启示下，进一步改进了早期的网球打法，把一般在土地上的活动移到了草地，提出了一套较为接近现代网球的打法。1877年，全英板球俱乐部在温布尔登举行了第一届草地网球锦标赛，以亨利·琼为首的裁判委员会草拟的比赛规则是现代网球比赛规则的基础，其中的盘制、局制、换位法等规则，沿用至今。同年，首届温布尔顿网球公开赛在伦敦西郊温布尔顿总部燃起战火，至今已有百余年的历史，是现代网球史上最早的网球比赛。1896年在雅典举行的第一届现代奥运会上，网球的男子单打与双打被列为正式比赛。后来，由于国际奥委会和国际网球联合会在"业余运动员"问题上有分歧，已经连续进行了7届的奥运会网球比赛项目被取消，"直到1984年的洛杉矶奥运会上，网球才被列为奥运项目。1988年在汉城奥运会上，网球重新被列为正式比赛项目。"[1]如今，除了奥运会网球比赛外，每年澳大利亚网球公开赛、法国网球公开赛、温布尔登网球公开赛、

---

[1] 林继富主编：《中国民间游戏总汇 球类卷》，湖南文艺出版社，2016年，第373页。

美国网球公开赛也是世界备受瞩目的赛事。

网球运动在中国虽然起步较晚，但也取了一定成绩。从赛事方面，"中国网球公开赛创办于 2004 年，每年一届定期在京举行。赛事同时拥有国际男子职业网球协会（ATP）、国际女子职业网球协会（WTA）和国际网球联合会（ITF）等三大国际网球组织的赛事举办权，是亚洲地区唯一设置最全、参赛球员最多、总奖金最高的国际综合性网球赛事。"[1]在优秀运动员方面，不得不提到李娜。2000 年，她与李婷夺得 WTA 巡回赛乌兹别克斯坦塔什干站的女双冠军，这是中国选手首度在 WTA 巡回赛中夺冠。2008 年，她获得北京奥运会女子单打第四名。她是 2011 年法国网球公开赛、2014 年澳大利亚网球公开赛女子单打冠军，亚洲第一位大满贯女子单打冠军。

（二）网球项目的特点

第一，比赛场地的多样化。网球比赛的场地分为红土、硬地和草地。场地不同，球的速度和弹力都不同，这就需要运动员在不同场地中调整自己的打法、步伐、战术。

第二，比赛职业化程度高。随着 1968 年国际网联取消了职业运动员不允许参加网球的重大赛事，令网球赛事充满了商业色彩。在高额奖金的刺激下，推进了运动员的职业化，进而推动了这项运动的整体竞技水平。

第三，攻防技术不断发展。运动员在场上需要对比赛形式和对手特点进行判断，以及时调整打法和战术。例如何时采取上网截击，高压球如何保证质量，反拍攻击性上旋高球何时使用，何时采用发球上网等，都需要运动员平时训练中掌握基本技术，在比赛中得以随机应变。

（三）网球项目体育解说的案例分析

我们选取 2021 澳大利亚网球公开赛男子单打决赛的比赛片段，对其体育解说进行分析。

---

[1]《赛事简介》，http://www.chinaopen.com/history/eventintro.shtml.

体育解说员："进入到罗德拉沃尔球场，遵循今年澳网赛会的防疫规定，售卖百分之五十的球票…这边德约先发。"

解说嘉宾："漂亮！德约发球好到让人恐怖，场均 16 个 ACE 球，比他职业生涯的平均值高出三倍……哇……今天德约上网次数也会比平时多点，但是还是取决于什么时机上……比赛开始和收尾阶段我觉得他都会（上网）多点。"

体育解说员："哇，厉害！连续地正手进攻……最后'总理'到位有点晚了。"

解说嘉宾："现在看德约的比赛，他也很少犯慢热的毛病……为什么开局时候德约要多上网呢，'总理'应该是没跑开呢……"

体育解说员："厉害……今天进场的塞尔维亚球迷不少啊。"

解说嘉宾："好在'总理'在这方面算是经受住考验了，经受了希腊球迷的考验。"

体育解说员："其实今年'总理'在来到澳大利亚之后，ATP 杯也是一个比较吵的环境……"（录自爱奇艺平台的 2021 澳大利亚网球公开赛男子单打决赛的体育解说）

从这段解说可以看出：第一，双方开打时留白。同乒乓球一样，网球球速快，每局用时短，所以无论是体育解说员还是解说嘉宾一般在双方攻防时留白。第二，在每球间隔期进行解说评论。每球结束，由体育解说员现对这一球的基本情况进行简要回顾和描述，之后由解说嘉宾进行点评。例如在案例中，塞尔维亚选手德约科维奇在第一球发出 ACE 球后，嘉宾从他这一球点评其发球的高效，并通过数据体现——该赛事中场均 16 记 ACE 看出德约科维奇发球的"恐怖"，比职业生涯场均值高出三倍。

### 三、小结：隔网对抗型项目体育解说的方法

通过对乒乓球和网球项目体育解说的分析，可以发现隔网对抗型项

目的解说有以下共同点：

第一，不一定每球必说。隔开对抗型项目的比赛节奏快，体育解说员不必在每球对抗中都进行实时描述，这样就会显得解说繁冗复杂。可以有选择地进行描述，例如双方出现精彩对攻场面。除此之外，还可以选择留白的方式，就是在双方对攻时仔细观察，留给自己和观众思索空间。

第二，解说评论的时机把握。隔网对抗项目的体育解说话语主要集中在每球、每局（或每盘）结束后的间隔期，这一时间场上运动员多少会有一定时间作出自我调整，而在转播中还会插播慢动作回放。这个时机是体育解说员带领观众回顾上一球、上一局、上一盘的最好时机，同时进行技战术上的深入解读。

第三，背景资料的插入。为了让观众对比赛、运动员、运动队等有更加全面的了解，体育解说员需要适当插入一些背景资料。体育解说员往往选择在比赛中并不激烈时，以及每球、每局（或每盘）结束后的间隔期插入背景资料。

## 第四节　格斗对抗型项目的体育解说

格斗对抗型项目包括了拳击、跆拳道、摔跤、柔道等，其主要特点是具有强烈的身体对抗性和攻击性。本节以拳击为例，来分析融媒体语境下该类项目的体育解说方法。

### 一、拳击项目的简介

拳击是戴拳击手套进行格斗的运动项目。早在古希腊和罗马时代有着许多有关拳击的记载。在古代奥运中，拳击运动就已经是比赛项目之一。近代拳击是以英国拳击家詹·姆斯菲格（1695—1734）为先导，他在1719年成为第一位英国拳击冠军。最初的拳击比赛不带拳套，没有比赛规则和时间限制，直到一方丧失继续比赛能力为止。"在1904年的圣路易斯奥运会上被作为表演项目，1908年奥运会成为正式比赛项目。"[①]1924年，国际业余拳击联合会在法国巴黎举行的第8届奥运会前夕成立。第一任主席是美国人杰·卡迪。第二次世界大战期间该会停止了，后又重新成立了新的国际业余拳击联合会。像"业余拳击协会（ABA），英国拳击联合会（BBC），欧洲拳击联合会（EBC），世界拳击联合会（WBC）等拳击组织机构，推动着世界拳击运动的发展"[②]。

中国的拳击运动虽然起步晚，但经过多年发展，也取得了喜人的成绩。男子方面，1996年4月至1998年8月，首位中国拳手刘刚在澳大利亚参加职业拳击比赛。2005年，中国职业拳击推广人刘刚历史性地在同一场比赛产生四条金腰带。2007年7月，中国拳手王亚男夺得WIBA中量级拳王宝座。同年11月，邹市明代表中国夺得首枚世界拳击锦标赛金牌。2008年，中国拳手王亚男同时夺得WBC及WIBA拳王宝座。2008年北京奥运会，中国队夺得两枚拳击金牌、一枚铜牌。2012年，在昆明进行的中国第一场世界拳王争霸赛中，中国拳手熊朝忠击败墨西哥拳手哈维尔·马丁内斯，获得WBC职业拳击迷你轻量级（105磅）冠军。女子方面，中国队2001年8月参加第一届亚洲锦标赛，取得两金三银三铜的成绩。同年10月，参加了第一届世界锦标赛，张毛毛获得54公斤冠军。2002年，张喜燕在第二届世锦赛中获得54公斤冠军。2006年，中国拳手张喜燕夺得WIBA世界职业拳王宝座。

## 二、拳击项目的特点

第一，对抗性异常激烈。拳击运动是运动员通过拳头击打对方，在体能、

---

[①] 焦登放、桑涛、焦健：《中西合璧拳击训练法》，合肥：安徽科学技术出版社，2017年，第2页。

[②] 王林：《体育风景线 体育卷》，长春：长春出版社，2008年，第64-68页。

心理等方面进行对抗的运动。拳手拳法突然迅速、攻势凌厉，身体对抗异常激烈，经常有近距离的攻击和换拳，甚至直接 KO 对手的场面出现。

第二，具有较强的技巧性。拳击运动除了运动员的力量对抗外，技巧是取胜的关键。运动员在比赛中不断移动步伐，变幻招式、出拳方向和力度，以此创造出较好的出拳空间。

### 三、拳击项目体育解说的案例分析

我们选取 2016 世界拳王争霸赛 WBO 次最轻量级决赛的比赛片段，对其体育解说进行分析。

> 中国的邹市明仍然用他这种快节奏的进攻，在场上像闪电一样，威风八面，而对方频频丢失重心……邹市明就将对方击倒，使裁判员第一次给坤比七读秒，最后的二十秒钟……邹市明在台上还有最后几秒钟……比赛结束，打满十二回合，可以说邹市明不用裁判宣布，我们也可以说是邹市明完胜。他是继熊朝忠之后中国又一位在世界拳坛领域获得世界职业拳击金腰带的中国选手，而且邹市明在世界拳击锦标赛中是三枚金牌，在奥林匹克舞台上中是获得了两枚金牌和一枚铜牌，这次又获得了 WBO 次最轻量级拳王的金腰带，所以邹市明获得了中华体坛无可争议的拳坛第一人。（录自 2016 世界拳王争霸赛 WBO 次最轻量级决赛的体育解说）

从这段解说可以看出：第一，实时播报比赛场面。由于拳击比赛节奏快，拳手的每次出拳和移动速率快，所以体育解说员需要言简意赅而及时播报场面局面，不要漏掉每一个细节。例如上述解说中，体育解说员实时播报了邹市明出拳像闪电一样，把对手击倒，裁判员开始读秒等。第二，解说情绪高涨。由于拳击比赛对抗性强，所以该项运动激情无处不在。这时体育解说员的情绪不能过于冷静，而是需要成为调动和释放情绪的阀门。例如上述解说中,赛后邹市明完胜对手夺冠,体育解说员的情绪也被提升至一定高度,这句"可以说邹市明不用裁判宣布,我们也可以说是邹市明完胜"已经表明了这一点。随后以激动的心情向观众说明了邹市明夺冠的重要意义,最后为其定调——"邹市明获得了中华体坛无可争议的'拳坛第一人'。"

### 四、小结:格斗对抗型项目体育解说的方法

通过对拳击项目体育解说的分析,可以发现隔网对抗型项目的解说有以下共同点:

第一,语速较快。体育解说员要传达比赛进程,包括运动员的出拳类型、出拳效果、战术使用等。但该类项目的体育解说要与比赛节奏相匹配,所以解说员的语速相对要快。需要注意的是,语速快不代表一味求快,而忽略解说的清晰度。解说时需要配合停顿和留白来控制节奏,增强可听度。

第二,富有激情但保持冷静。该类型项目身体对抗强烈,运动员的每次击打产生的视觉冲击力让比赛充满悬念和激情。体育解说员要充当情绪的调节者,解说时既富有激情以调动观众情感,又时刻以客观冷静的心态解说比赛。

第三,善用三言两语的短评。由于该类型项目比赛节奏快,除了比赛结束后,在比赛过程中不太可能运用独立成章的评论,所以三言两语的短评成为体育解说员青睐的评论方式。

# 第七章 冰雪项目的体育解说[①]

2022年2月,我国迎来北京冬奥会,北京也成为世界历史上首座"双奥之城"。2018年9月5日,国家体育总局公布《带动三亿人参与冰雪运动"实施纲要(2018—2022年)》。《纲要》提出,大力推广普及群众性冰雪运动,助力建设"健康中国",奋力实现"带动三亿人参与冰雪运动"目标。可以说,如何借北京冬奥会之契机,促进体育强国建设,讲好中国故事,展现中国气质,助力人类命运共同体理念的全球传播,成为体育解说领域及体育解说员所肩负的重要使命和任务。本章选取了中国在冬奥会中的优势项目和具有一定实力的项目——短道速滑、冰球、冰壶、花样滑冰、自由式滑雪、单板滑雪,以这六个项目作为代表性案例,对其体育解说的方法进行分析。

---

[①] 在这里需要特别说明的是,冰雪项目依然归属于按照项群理论对于体育项目的分类之中。在这里单独成章,旨在显示在北京冬奥会背景下冰雪项目发展的重要性,为观众指出中国在冰雪运动中的优势项目,以及为冰雪项目培养体育解说员提供些许思路。

# 第一节 短道速滑项目的体育解说

## 一、短道速滑项目简介

短道速滑（Short Track Speed Skating）全称为短跑道速度滑冰，在冰雪项目中有着很高的关注度。该项目在19世纪80年代起源于加拿大，最早是由一些滑冰爱好者在室内进行滑行，随着产生了一些滑冰比赛。19世纪90年代中期，这种自发的室内速度滑冰比赛出现在加拿大蒙特利尔、魁北克以及温尼伯等城市。随着滑冰项目越来越完善，于1892年成立了国际滑冰联盟（ISU）。1905年，加拿大首次举行室内速度滑冰公开赛，这一赛事标志着短道速度滑冰的诞生。20世纪20年代，该项目被引入欧洲和日本等国。该项目于1988年的卡尔加里冬季奥运会中被首次列为冬季奥运会表演项目，1992年的阿尔贝维尔冬季奥运会将其列为正式比赛项目。

中国是在1981年引入短道速滑项目，并随着不懈努力取得了一系列佳绩。李琰在1992年阿尔贝维尔冬季奥运会上获得女子500米短道速滑银牌，这是中国短道速滑第一枚奥运奖牌。2002年，杨扬在美国盐湖城冬奥运会上，夺得500米、1000米两块金牌，为中国实现了冬季奥运会上金牌"零"的突破。在2006年都灵冬季奥运会上，王濛获得短道速滑女子500米冠军。中国短道速滑成绩的巅峰出现在2010年温哥华冬奥会中。在那届赛事中，中国女队包揽温哥华冬季奥运会短道速滑女子项目全部金牌。而在男子项目中，李佳军在1996年世界短道速滑锦标赛男子1000米项目上夺得金牌，也是中国在短道速滑项目上获得的第一个男子世界冠军。2018年2月22日，武大靖在平昌冬季奥运会短道速滑男子500米决赛中夺冠，这是冬季奥运会中中国队获得男子项目中的首枚金牌。

## 二、短道速滑项目的特征

第一，比赛激烈程度高。从场地条件来说，短道速滑比赛场地较为狭小，大小为 30×60 米，场地周长 111.12 米；从赛制来说，该项目采用淘汰制，每轮 2—3 名选手进入一下轮，通常到决赛时只有 4 名选手参加；从滑行速度来看，尤其是在短距离比赛中运动员的滑行速度极快，这三点因素造成比赛的激烈程度高，富有观赏性。2018 年平昌冬奥会，在男子 500 米比赛中，中国选手武大靖以 39″584 的成绩夺冠，刷新了自己保持的世界纪录和奥运会纪录。在这场比赛中，除了武大靖外，还有韩国名将黄大宪、林孝俊，加拿大选手吉拉德参加。比赛开始后，武大靖抢到第一位，韩国两位选手紧随其后，多次试图超越未果。武大靖很好地锁住超越路线，并且一骑绝尘，越滑越快，最终夺冠。可以说，500 米比赛转瞬即逝，每一圈都扣人心弦——领先的选手为保住自己的位置而努力，落后的选手为赶超而努力，由此可见比赛之激烈刺激。

第二，比赛戏剧性丰富。正如前文所述，短道速滑项目赛道较短，运动员滑行速度快，所以在比赛过程中常有违规动作出现，如用身体碰撞、绊人以及用手推拉等导致运动员摔倒，甚至受伤，从而引起排名更迭的变化，富有戏剧性。2002 年盐湖城冬奥会上澳大利亚选手布拉德贝里在 1000 米项目中夺冠，这枚金牌可以算是"躺赢"了。比赛开始后，布拉德贝里很快就落在最后，并且距离前面选手有很长一段距离。"可悲"的是，在最后一圈阿波罗、安贤洙、李佳军、图尔科四位选手先后出现意外摔倒，落后十几米的布拉德贝里面带惊讶地夺得冠军。2014 年索契冬奥会，在女子 500 米项目中，中国女子短道速滑队只有李坚柔一人闯入决赛。比赛开始后，李坚柔处于最后一位。但是，排在第一位的韩国选手朴升智在弯道处摔倒，同时带倒了身后"无辜"的方塔娜和克里斯蒂，这样李坚柔毫无悬念地滑完全程，获得冠军。李坚柔事后回忆说，自己是用"努力"换来了"奇迹"。可见，短道速滑比赛中出现意外频率之高，不到最后一刻很难决定胜利者的归属。

第三，项目技战术较为复杂。短道速滑比赛往往用时短、节奏快，所以在比赛中运用合理的技战术可以使得运动员处于较为有利的位置。毛艳梅认为："战术的重要性目前已经被世界各国的体育机构所重视，它是和体能、技术并列的影响短道速滑运动员滑冰成绩的三大因素。"[1] 在比赛中常见的技战术有领滑、跟随滑和掩护配合三种：（1）领滑是运动员从比赛伊始就处于头名位置，且以强大的实力作后盾，对自己的优势地位有绝对信心，甚至一直能够将这种优势保持到终点。如在 500 米比赛中，由于是短距离比赛，选手往往在比赛开始阶段通过卡位等技术抢夺头名，这样容易获得较大"赢面"。（2）跟随滑是选手在比赛开始后紧跟领先选手，在比赛后程突然发力进行赶超，从而赢得比赛的一种战术。这种战术在长距离的 1000 米、3000 米接力赛中经常使用。（3）掩护配合战术是在团队作战时使用，"要利用这种战术，需要运动员团队分工合理，职责明确，一般来说需要最少两名滑跑运动员才能够实现掩护与配合战术。"[2] 在比赛中，队友之间通过配合，挡住和封住对手的超越路线，保住其中一名本方运动员"脱颖而出"，获得胜利。

### 三、短道速滑体育解说的技巧

短道速滑项目的体育解说，应符合其项目特点，从而体现出以短句子描述为主，语速及语势递进叠加，同时注意控制情绪的解说技巧。

#### （一）以短句子描述场面为主

由于短道速滑比赛节奏快，尤其是在 500 米这种"转瞬即逝"的项目中，体育解说员往往来不及"说得更多"，或者把所有准备的背景资料全部"充满解说"。在这种情况下，以短句子描述场面成为大多数体育解说员的主

---

[1] 毛艳梅：《浅谈短道速滑技战术的基本表现形式》，《当代体育科技》，2017 年第 27 卷 29 期，第 93 页。

[2] 同上，第 94 页。

要选择。在选手出场时对其进行资料简介,告诉观众参加比赛队员的名称、世界排名、最好成绩、近期状态等,而在比赛开始后,发挥短句子的灵巧性,及时而准确地传达场面信息,最后在选手完成比赛后进行简短的评论。2018年平昌冬奥会男子500米决赛,时任那场比赛的体育解说员就很好地执行了这一理念,收到了较好的效果。我们来回顾一下当时国际版的现场解说:

> 500米,四圈半。奥运纪录和世界纪录保持者武大靖,来自中国代表队。这些成绩都来自武大靖,时间为39.80秒。参加本场比赛的还有两名韩国选手,黄大宪兵和林孝俊。吉拉德位于第四道,对于加拿大短道速滑来说,吉拉德就是未来的希望。(介绍运动员)武大靖,23岁,世界纪录和奥运纪录保持者;黄大宪,18岁,来到赛道上;林孝俊,21岁,已经在1500米比赛中获得一枚金牌;吉拉德,他没有剪头发,他在1000米比赛中获得金牌。现在4名选手上道,准备开始比赛。现场气氛很紧张。比赛开始,有人抢跑了。中国运动员武大靖抢跑。比赛开始,武大靖领先。运动员们拼命滑行。武大靖继续保持领先。比赛还剩3圈,韩国队员处于第二和第三位,吉拉德位列第四。武大靖从出发就一直保持领先,金银铜牌在最后一个弯道决出,武大靖力压其他选手率先冲过终点。他为中国代表队获得了一枚金牌。黄大宪获得银牌,林孝俊获得铜牌。今天看起来又将产生一项新的世界纪录,39秒58!(成绩)被确认了!武大靖,23岁……很显然,他是金牌获得者,从开始赢到尾……(录自2018平昌冬奥会男子500米项目决赛的体育解说并翻译)

从这段解说可以清晰地看出,体育解说员从头到尾一直采用短句子,而且表意准确,场面描述到位。首先,介绍了500米比赛的赛道长度概念——

4圈半，同时介绍参赛选手的基本情况。其次，比赛开始后，描述选手所处位置，以及实时播报当前情况。最终在最后一个弯道之后，武大靖第一个冲线，黄大宪和林孝俊分获二三位，吉拉德最后一名。再次，比赛结束后，体育解说员播报成绩，武大靖以 39 秒 58 打破自己保持的世界纪录，而且简单总结：他是从开始到结束一直领先，没有给对手任何机会。这样的解说符合了短道速滑的比赛节奏，也充分发挥了短句子短小精悍的特点，清晰明了，明白晓畅。

### （二）语速及语势递进叠加

体育解说是为了满足比赛实际情况和受众/用户需求而服务，优秀的体育解说员是把解说和比赛融为一体，从而更好地引领受众/用户观看比赛。作为短道速滑比赛，赛场激烈、刺激、紧张，随着运动员的滑行速度越来越快，距离终点越来越近，观众的情绪也会越来越高涨。在这种情况下，体育解说员也应符合现场气氛，最突出的表现就是解说时语速和语势的变化。在短句子为主的解说中，体育解说员的语速逐步加快，语势呈现"上山型"特点。我们以 2014 年索契冬奥会女子 500 米项目解说为例，现场体育解说员刘星宇这样解说：

> 比赛开始。朴升智似乎没有受到刚才抢跑的影响。哎哟，哇！三名选手全部摔出了赛道，李坚柔排在第一位，在她身后没有别人！只剩三圈，李坚柔所需要的就是完成接下来的比赛。在今天这样的赛道上，永远是充满了各种各样戏剧性的一块赛道。就在这里，发生了太多的意外。李坚柔，最后一圈！终点在前面，冲线了！（录自 2014 年索契冬奥会女子 500 米项目决赛的体育解说）

这场比赛其实是女子短道速滑队，尤其是唯一进入决赛的选手李坚柔肩负了很大压力，女子 500 米项目是中国队的优势项目，而且在前几届中国队获得了相当不错的成绩。但是在索契冬奥会中，中国的几名优秀运动员相继出局，只有李坚柔一人闯入决赛，这枚金牌能否拿下，意味着中国队能否在这个项目中能否保住优势地位。所以,压力可想而知。在这种背景下,体育解说员刘星宇较好地迎合这种压力,同时配合了现场的突发情况,随着其他三名选手同时摔出赛道,刘星宇的语速开始加快,这是情绪带动语速和语势的体现,毕竟这是李坚柔夺冠很好的契机。以这里为起点,随着李坚柔距离终点越来越近,他的语速是递进的,语势逐渐"上山",到"冲线了"完全达到"山顶"。

在这里,需要注意的是,语速及语势的递进叠加,应在可控范围内进行。语速加快但应保持在可听、可感、可知的范围内,语势"上山"应在情、声、气可达的范围内,避免破音和歇斯底里的情况发生。

**(三)情绪控制合理到位**

正是因为短道速滑比赛的精彩纷呈,场面激烈,现场的体育解说员也容易被这种气氛所感染,从而导致解说的激情四射。但是,根据体育解说的倾向性原则,体育解说是客观性为第一性,如果毫无控制地进行情感释放,甚至是宣泄,就会出现主观性颠覆客观性的严重问题。所以,在短道速滑比赛中,体育解说员需要控制好自己的情绪,以适度倾向性来做好为比赛穿针引线的工作。中央人民广播电视总台的体育解说员于嘉,他除了解说自己的主项篮球外,还积极参与短道速滑项目的解说,以理性、客观很好地遵守了倾向性原则。我们以2010年温哥华冬奥会女子500米项目为例,来回顾一下于嘉的现场解说:

> 比赛开始!王濛抢道,抢到第一,没有问题。(她)继续保持在第一,越滑越快。她的领先优势非常明显,甚至可以调一下护目镜。她几乎是在第一圈就确立了领先优势,王濛要保持稳定,现在没有选手紧跟其后。这和她上次获得都灵冬奥会的过程完全不同。进入决胜圈……最后的半圈了……轻松取胜!王濛夺冠,双手向上,庆祝胜利!中国选手王濛在温哥华冬奥会女子500米决赛当中,获得冠军,她向李琰跪倒不起……她对教

练的感激之情溢于言表,她成为历史上第一个在四年一次冬奥会中卫冕 500 米冠军的人!(录自 2010 年温哥华冬奥会女子 500 米短道速滑决赛的体育解说)

王濛卫冕女子 500 米冠军,为中国短道速滑队,为中国代表团争光添彩,更是为中国冰雪运动历史写下浓墨重彩的一笔。所以,可见这枚金牌的重要意义。因此,体育解说员也会因为王濛的精彩表现而兴奋激动。但是,体育解说员于嘉从语气上并没有过分欣喜若狂,并没有大肆渲染王濛夺冠。同时,从声音状态上也没有出现嘶吼,导致失态。反之,他以一种积极的态度,简洁清晰地传达了现成的实时情况。而在王濛冲线夺冠后,体现激动却克制的情感表达——王濛这个冠军的意义是什么。由此看出,合理的情绪控制,既可以避免了体育解说中"家里人"现象的产生,又自然而然地引发了观众的共情,达到"润物无声"的效果。

## 第二节 冰球项目的体育解说

### 一、冰球项目简介

冰球的英文是 Ice Hockey,"Hockey"一词派生于法语的"Hocquet",即牧羊人用的弯头拐杖。这项运动应该是速度最快的球类项目,是以冰刀、球杆、球饼为工具在冰上进行的一种相互对抗的集体性竞技运动。在两三百年前,各式各样的冰上球类运动就存在于世界各个国家。这些冰上球类运动的特点是由这些国家的经济、社会、民族特点多方面因素决定的。"荷兰有'科尔分',中国有'冰上蹴鞠',北欧有'班迪'等"。[①] 据考证,现代冰球运动起源于加拿大。在加拿大的英国留学生 W.F. 罗伯逊,滑冰很出色,"他把在英国学习期间了解到的曲棍球,移到冰上打,并结合'拉

---

① 陈岐岳:《冬季奥运项目报道手册》,北京:中国传媒大学出版社,2019 年,第 279 页。

克罗斯球'的特点，于1783年创造了一种新的冰上运动——冰球。"①

在19世纪后半叶，冰球迎来大发展。1875年，在一位叫克莱·格汤布（Crei Ghtonb）的冰球爱好者的倡导下，在蒙特利尔的维多利亚冰场举行了世界上首次正式的冰球比赛。1879年，蒙特利尔麦吉尔大学的罗伯逊（Robertson）教授和史密斯（Smith）教授共同制定了一份正式比赛规则，将比赛人数限定为每队9人。1885年，蒙特利尔的一些冰球爱好者自发地组织起"加拿大业余冰球协会"，并将参赛人数由每队9人改为7人，最后又改为6人。与此同时，金斯顿和安大略的第一个业余冰球团体也宣告成立。19世纪90年代，冰球运动席卷加拿大，冰球团体和冰球俱乐部如雨后春笋般地纷纷涌现，直达西海岸。中国的冰球运动始于清朝，那时候在社会中流行一种运动叫"冰上蹴鞠"，是蹴鞠与滑冰结合的运动。现代冰球运动引入中国是在20世纪初，早在1905年在天津成立了天津冰球俱乐部。

20世纪初，冰球的热度也逐渐席卷全球。1908年，国际冰球联合会（IIHF）成立；1910年，第一届欧洲冰球锦标赛在瑞士莱萨旺举行，标志着冰球在欧洲兴起；1916年，在美国俄亥俄州北部的克利夫兰举行了首次国际女子冰球赛；1920年，冰球作为正式项目进入第七届奥运会；1924年，冰球作为正式项目进入第一届冬奥会；1993年，国际奥组委决定将女子冰球项目正式列入1998年长野冬奥会。

## 二、冰球项目的特点

第一，项目规则复杂。冰球项目的规则复杂，这体现在以下几个方面：首先，参与比赛的人数多。每个队最多允许参加比赛人数为22人。在比赛中，每队场上不得超过6名运动员。其次，比赛场地区域认知复杂。冰球场地一般为规格为长61米，宽30米；最小规格为长26米，宽15米；四角圆弧的半径为7米—8.5米。在这块场地中，区域划分多，所以带来认知上

---

① 赵权忠、苏晓明：《冰球》，吉林：吉林出版集团有限责任公司，2008年，第2-5页。

的难度。再次，比赛中相关规定繁多。在冰球比赛中，涉及运动员更换、争球、死球、越位、比赛结果判定、处罚等多种规则，同时有些还涉及时间规定，所以该项目较其他冰雪来讲在比赛中规定种类繁多。

第二，专业术语多。由于比赛规则复杂，所以带来了多种专业术语，例如开球点、争球点、越位、击射、垫射、反拍射、换人、蝶式防守、滞留、跪挡、多打少等。例如"越位"这个术语，是指"比赛中进攻队员控制球时，同队队员先于球进入攻区。判定越位是根据队员的冰刀位置，只有队员的双刀完全超过蓝线进入攻区时，方为越位（蓝线越位）。同样，队员不得从自己的守区向位于中间红线前的同队队员传球，否则，将被判为传球越位（红线越位）。"① 再例如"多打少"这个术语，是指"冰球比赛中经常出现犯规而被判罚出场的情况，这样场上队员就形成了以多打少的局面。在本方队员多于对方的情况下，要充分利用对方受罚的机会，扩大进攻范围，以最快的速度在攻区内进行阵地战，分散对方防守力量，依靠人数多的优势，不断发动攻势，攻击对方球门。"② 所以，作为冰球解说员，不但要对术语进行常识性记忆，更重要的是要在激烈的比赛中根据场上的局面，及时而灵活地进行使用。

第三，竞赛主导显著。众所周知，欧美是冰球运动的主导力量，而成熟的联赛体制又促进了冰球在这些国家和地区的发展。从冰球开始的萌芽期，到初步发展期，再到职业化的今天，始终离不开竞赛作为发展的基础。而且，这个特征比其他项目更为明显。所以，一提到冰球赛事，大家一般会不约而同地想到北美的国家冰球联盟（NHL）、欧洲的大陆冰球联赛（KHL），同时"欧洲冰球发达国家捷克、丹麦、芬兰、法国、德国、意大利、挪威、斯洛伐克、瑞典、瑞士、英国等国都有自己的职业冰球联赛及大学

---

① https://baike.baidu.com/item/ 冰球 /585915?fr=aladdin.
② 同上。

冰球比赛,并且这些联赛又与 NHL 及 KHL 联系紧密,互为体系。"[1]

### 三、冰球体育解说的技巧

作为冰球解说,需要冰球解说员熟知球队、运动员和赛事的相关信息,及时提示屏幕信息板,同时注意比赛的解说节奏。

#### (一)熟知球队、运动员和赛事的相关信息

由于冰球比赛参与的运动员人数较多,替换频率相对较高,同时比赛节奏快,那么对解说员来说,能否及时而准确地辨识运动员就显得极为重要。这就需要冰球解说员实时关注球队、球员和赛事信息。以北美的国家冰球联盟(NHL)为例,作为解说员,首先对其联盟的球队名称、历史和近况要熟练掌握。这在腾讯体育中可以方便地查询到。点开其中任何一支球队,都可以查询到球队相关球队、球员、成绩,以及相关新闻。

其次,对于球员的技术统计数据要实时掌握。冰球同篮球篮球运动的数据统计具有一定相似性,篮球的实时数据一般是统计得分、助攻、篮板三项,辅以抢断和盖帽;冰球主要是统计得分、进球和助攻。所以冰球解说员要实时关注这些数据变化,以为比赛解说服务。

#### (二)及时提示屏幕信息板

冰球比赛现场情况瞬息万变,所以在画面中经常会出现屏幕信息板,而上面所提示的信息,可以为冰球解说员在解说时提供依据。在屏幕信息提示板中,会有球队近期战绩、球员表现、比赛实时信息等。这就及时地补充了体育解说员的"感知盲区"——解说员的人工统计往往从观察比赛画面而来,但由于比赛节奏快,有时候不可能面面俱到。

#### (三)掌控比赛的解说节奏

在冰球比赛中,运动员滑冰速度快,肢体接触频繁,场面激烈,但这

---

[1] 汪宇峰:《世界冰球运动的起源、发展及其特征研究》,哈尔滨体育学院学报,2019 年第 2 期,第 18 页。

并不意味着在解说时语速和节奏飞快，不给观众"喘息之机"。相反，在短句子为主的解说中，冰球解说员也要审时度势，根据现场情况掌控解说节奏，做到轻重缓急、快慢有别，否则一味求快，就会陷入解说语言含混不清的境地。所以，掌控比赛时的解说节奏，对于冰球解说员来讲至关重要。由于冰球解说往往采取"1+1"双口解说模式，所以控制节奏选取的方法可以在比赛中出现争球、犯规等让时间"小息"时以两人调侃的方式来化解场面的紧张情况，缓和解说节奏以舒解观众情绪。2019—2020总决赛闪电队对阵达拉斯星队的第四场，冰球解说员解说柳亚鹏与嘉宾李龙谋在比赛中的一些解说话语对于掌控比赛解说节奏非常有借鉴意义。例如比赛第二节中，两个人的两次互动：

28'30：（李龙谋解读镜头到位，二人互相夸赞）

柳亚鹏："金圣叹对红楼梦的美批。"（说李龙谋对镜头解读犀利）

李龙谋："不愧是博士，我虽然没听懂，但觉得词儿很拽。""柳亚鹏老师是中传的硕士。"

柳亚鹏："哈哈哈，立学霸人设没有什么好下场，咱还是看球。"

李龙谋："是文科著名的学府，现在是在北外读博，是吧？都是985、211，部级直属院校。"

35'18 李龙谋："小瓦西这个眼睛蓝得啊，非常清澈，就像是伏尔加湖一样。"

柳亚鹏："贝加尔湖。伏尔加河，（救场）流着酒一样的河。"（录自2019—2020总决赛闪电队对阵达拉斯星队的第四场的体育解说）

两人的互动，并没有影响对比赛实时进程的解读和传达，这两段互动，第一段是把解说比赛转移到对解说员柳亚鹏学历和就读学校的"爆料"中，其实是揭开其能够运用"金圣叹美批红楼梦"来作为解说词的功力所在。后一段是对场上球员眼睛的形容，来深化该球员的形象。如此一来，在解说比赛的基础上，以调侃的方式在总决赛这么重要的赛事中掀开了一丝轻松的空间,让观众在紧张观看比赛时还能得到一些喘息,从而实现了解说节奏要贯彻轻重缓急、张弛有度的原则。

## 第三节 冰壶项目的体育解说

### 一、冰壶项目简介

冰壶(Curling)又称掷冰壶,或是冰上溜石,是以团队为单位进行冰上竞赛的项目。冰球十分考验运动员的耐力和智慧,所以又被称为冰上国际象棋。冰壶比赛场地长44.5米,宽4.32米。冰壶周长约91.44厘米,高约11.43厘米,重量最大约为19.96公斤。这项运动起源于14世纪的苏格兰。1795年,第一个冰壶俱乐部在苏格兰创立。1927年,加拿大举行了首次全国性冰壶比赛。冰壶于1955年传入亚洲。1924年冰壶作为表演项目被纳入第一届冬奥会。1966年,世界冰壶联合会成立。

2000年,中国第一支冰壶队在哈尔滨成立。中国冰壶队虽然起步较晚,但克服艰难险阻,成绩稳步提升。在2008年女子冰壶世锦赛中,中国队获得亚军,让世界看到了中国冰壶的潜力和实力。在2009年的冰壶世锦赛,中国女队获得冠军。2014年温哥华冬奥会,中国女队获得季军,中国男队获得第四名。2018年平昌冬奥会,中国女队获得第五名。在2022年北京冬奥会上,中国冰壶队有实力继续为好名次或奖牌发起冲击。

### 二、冰壶项目的特点

第一,集耐力与智慧于一体。每场比赛由两支球队对抗进行,每队由4名球员组成。比赛共进行10局,两队轮流丢掷石球,以赛前双方掷点离圆心近者先掷。每局在每队交替掷球,每人分别丢掷两球,8人共掷16球之后结束。因为比赛耗时长,这就对双方运动员的体力有较高要求。同时,冰壶比赛需要计算每次掷投的角度、距离,测算如何离大本营圆心更近,或者如何撞击对方石壶远离中心点,所以又考验无论是掷石运动员,还是扫冰运动员的智慧。

第二,项目规则复杂。冰壶项目规则,我们对照冰壶赛道来讲解其规则。两队每名球员均有两个冰壶,即有两次掷球机会。两队按一垒、二垒、三垒及主力队员的顺序交替掷球,在一名队员掷球时,由两名本方队员手持毛刷在冰壶滑行的前方快速左右擦刷冰面使冰壶能准确到达营垒的中心。同时对方的队员为使冰壶远离圆心,也可在冰壶的前面擦扫冰面。拥有位于圆垒中、位置最接近圆垒中心之石球之队伍得分。每队每颗位于圆垒中、位置较另队所有石球都更接近圆心之石球皆可获计一分。

### 三、冰壶解说的技巧

冰壶解说的技巧在于对每一壶的解说进行灵活处理,语气较为平和,节奏较为舒缓。

#### (一)对每一壶的解说进行灵活处理

在冰壶比赛中,球队胜负很大概率在于掷壶的质量。所以在体育解说中,对每个壶的投掷质量和位置要进行解读。在每个掷壶队员掷壶后,解说员在壶的滑行过程中往往采用留白或介绍比赛相关信息等手段。因为壶的滑行距离较长,而且掷壶一方运动员往往采用刷冰战术控制壶的方向,解说员对壶的落点和位置不太好判断,所以留白或介绍其他信息以进行观察。当壶进入大本营后,其滑行速度减慢,解说员比较容易判断壶的最终位置,在这个时候,解说员可以开始对这个壶的投掷情况进行解读。对并不是关键壶的投掷,最后也可以以留白或介绍其他信息来结束。

例如2021年女子冰壶世锦赛循环赛,中国队对阵日本队,在比赛刚开始的其中一投时,从壶被投出到壶进入大本营,体育解说员这样说:"日本队的四垒,吉村沙野香,第二次参加世锦赛,上一次参加还是在2015年。吉村选手上次和苏格兰队交手时,就是昨天这个时候为大家转播的比赛,她在第六局到第十局失误颇多,反倒是苏格兰这边越战越勇啊,提前一局收下比赛的胜利。"体育解说员并没有对壶的最终位置进行解读,是由于比赛刚开始,壶的位置并不能决定这一局的结果,所以他只是介绍了球员基本信息和一些相关情况,以符合比赛刚开始较为轻松的状态。

那么对关键壶的落点及位置,解说员需要作出判断和解释。例如,需要对壶的位置、投掷质量、战术影响进行详细描述和评论。2021年男子冰壶世锦赛循环赛,中国队对阵加拿大队,其中在中国队得分的一壶,体育解说道:"加拿大队的壶过来了,打掉中国队的壶。这个壶是很要命啊,中国队如果打定的话,有可能赢不到下方加拿大队这只壶……考验邹翔。好球,好球,这个球是非常精准。四垒的作用发挥出来了,保住1分,1比1。"由于邹翔这一投关系中国队是否能够得分,所以解说员从上一次加拿大队的掷壶开始就已经在分析场上局面了。加拿大队的这一投很"要命",中国是"打定"还是"打甩"?中国队四垒邹翔掷壶后,解说员及时报告"非常精准",在"打甩"对方一壶后比另一壶还要靠近大本营圆心位置,所以中国队得分。

### (二)语气较为平和,节奏较为舒缓

无论是掷壶前队员们思考与交流,还是掷壶与刷冰,总体而言冰壶比赛的节奏较为缓慢。体育解说员需要契合这种比赛节奏,所以解说时从语气上要平和,不需要明显的大起大落,节奏也要较为舒缓。这主要体现在两个方面。

第一,开场以普及冰壶知识和规则为主。由于冰壶运动在我国的普及度并不高,很多体育观众对该项目较为陌生,所以为了带领其看懂比赛,体育解说员在比赛开始阶段先要简明扼要地介绍冰壶比赛的历史与规则。而使用介绍性的语言一般以娓娓道来的交流形式进行,使用停连和重音的技巧,重在表意清晰。一般来讲,体育解说员会在开始时大致这样介绍:

> 冰壶比赛时,每场由两支球队对抗进行,每队由4名球员组成。比赛共进行10局。两队每名球员均有两个冰壶,即有两次掷球机会。两队按一垒、二垒、三垒及

主力队员的顺序交替掷球，在一名队员掷球时，由两名本方队员手持毛刷在冰壶滑行的前方快速左右擦刷冰面使冰壶能准确到达营垒的中心；同时，对方的队员为使冰壶远离圆心，也可在冰壶的前面擦扫冰面。最后，当双方队员掷完所有冰壶后，以场地上冰壶距离营垒圆心的远近决定胜负，每石1分，积分多的队为胜。

第二，留白使用次数多，以及留白时间长。上文提及，由于掷壶过程中，解说员无法判断壶的方向和位置，所以一般采用留白。留白是控制或减缓解说节奏的一种选择，是留给观众悬念和思考余地的一种方式。当壶进入大本营时，在并非关键壶时，解说员有时候也不会描述场面，而是会交代一些和比赛以及交战双方的背景资料；在关键壶时，解说员需要以答疑式解说方式去为观众解读这一壶的位置和对战术应用的影响。

## 第四节 花样滑冰项目的体育解说

### 一、花样滑冰项目简介

花样滑冰（Figure Skating）被誉为冰上芭蕾，起源于18世纪的英国，后相继在德国、北美地区国家迅速开展。1872年，在奥地利首次举办花样滑冰比赛。1882年，奥地利花样滑冰选手弗列依和他的妻子在维也纳冰场手拉手跳起了双人舞后，诞生了双人滑。1924年，花样滑冰运动进入第1届冬季奥运会。1930年左右，西方花样滑冰传入中国，进入北京、天津、哈尔滨、长春、沈阳等城市的学校。1953年，在中国哈尔滨举行了首届全国冰上运动会，并进行了花样滑冰男女单人滑的比赛。1990年，中国选手陈露在世界青少年花样滑冰锦标赛女子单人滑项目中，获得第三名，这是中国花样滑冰运动在国际大赛取得历史性突破的开始。2010年在温哥华冬奥会上，申雪/赵宏博、庞清/佟健在双人滑项目中分别获得冠亚军，张丹/张昊排名第五，这是中国花样滑冰队的巅峰时刻。2018年平昌冬奥会，隋文静/韩聪获得花样滑冰双人滑亚军。

## 二、花样滑冰项目的特点

第一，兼具技术性与艺术性的结合。花样滑冰运动员需要通过冰刀在冰面上划出图形，并表演跳跃、旋转等高难度动作，随后现场裁判依照其完成质量和艺术美感和表现力进行打分。所以说，这项运动兼具技术性和艺术性。具体说来，在技术性层面，花样滑冰比赛裁判分为5人裁判制、7人裁判制和9人裁判制（冬奥会和世界锦标赛规定为9人裁判制）。裁判根据动作完成标准和内容来进行评分，分数从0.25分到10分，每次增加值为0.25分。裁判员所给的分数同以下节目内容的等级相对应："<1—很不好，1—不好，2—弱，3—中下，4—中等，5—中上，6—好，7—很好，8—非常好，9—10出色。0.25分的增加值用来评价同时包含了一个等级和下一个等级因素的表演。"[①] 从艺术层面讲，花样滑冰的各个子项目短节目、自由滑、冰上舞蹈、创编舞都会有表演分这一项，裁判会根据运动员所选取的音乐、编排的内容、各种姿态和动作的表现力来评分。

第二，艺术性元素与运动员融为一体。由于花样滑冰运动的艺术美感，所以在比赛中多呈现出节日的狂欢元素，例如音乐、舞蹈编排、运动员的动作和表情等，以此带动观众情绪，让其忘记是在观看比赛，仿佛是在观赏一台舞蹈演出。同时，这些艺术性元素与运动员融为一体，才能发挥出滑冰和舞蹈契合的最佳效果，才能使运动员取得好成绩。例如音乐元素，音乐是表达情感与生活态度的一种艺术手法，其通过旋律与节奏进行体现，以使听众获得听觉上的享受和艺术审美的升华。花样滑冰以音乐为辅助手段，让运动员根据音乐来进行托举、旋转等动作展示。但是音乐选择需要根据运动员的身材特点、滑行风格、技术特征来确定。就运动员身材来说，

---

① 叶鸣：《冬季奥运会体育欣赏》，上海：立信会计出版社，2018年，第97-102页。

如果运动员的身材比较修长均称,就有选择一些像芭蕾舞曲、世界古典名曲及轻缓流畅的电影音乐等。例如,在 1994 年冬季奥运会比赛中,花样滑冰男单冠军俄罗斯运动员乌尔曼诺夫,他选择了世界芭蕾舞名曲《天鹅湖》,由于他的身材具备了芭蕾舞演员的特点,他的整套动作充分表现了舞剧中王子的爱情故事。若运动员的身材比较矮小、短粗,就要选择一些民族音乐、现代音乐及铿锵有力的交响乐等。例如,在 1995 年世界花样滑冰锦标赛获得男单冠军的加拿大运动员斯托依科,"选择了以描写中国功夫为主题的音乐,由于他的身材比较粗壮,特别适合音乐所表达的主题思想。"①

### 三、花样滑冰项目的体育解说

如前文所述,花样滑冰的超高艺术美感被誉为"冰上舞蹈",所以该运动的艺术美激发花滑解说评论的文学性表达。最为经典的花样滑冰解说莫过于在 2018 年平昌冬奥会中对男子单人花样滑冰比赛中,中央广播电视总台的解说员陈滢对日本著名选手羽生结弦的解说:

> 容颜如玉,身姿如松,翩若惊鸿,宛若游龙。索契奥运会冠军在平昌中面对的四周小将们的挑战,他让我想起了一句话,命运对勇士低语:你无法抵御风暴,勇士低声回应:我,就是风暴。羽生结弦,一位不待扬鞭自奋蹄的选手。他取得今天的成就,值得现场观众对他给予的全体起立鼓掌的回馈。(录自 2018 年平昌冬奥会男子单人花样滑冰比赛的体育解说)

由于羽生结弦克服伤病困扰,在男子花样滑冰项目蝉联金牌,成为该项目 66 年来连霸第一人,加上他在比赛中表现可谓完美无缺,所以陈滢有感而发。从这段解说词来看,应该可以分为三个层次:一是对羽生结弦

---

① 栾波:《略论花样滑冰的音乐选择》,《冰雪运动》,1996 年第 2 期,第 39 页。

比赛表现的形容与总结。陈滢并没有直白或直接地对其动作进行技术性表达，而是以合辙押韵的方式对其进行文学性形容。"容颜如玉，身姿如松，翩若惊鸿，宛若游龙"，短短十六个字，把羽生结弦的容貌、身型、动作、表现力勾勒得一览无余，干净如玉一般的容颜，笔直挺拔的身材，在配乐声中翩翩起舞、举重若轻，宛若游龙一般潇洒自如。二是羽生结弦完美表现的意义。他在平昌冬奥会卫冕的压力很大，面对小将的挑战，他顶住压力，克服困难，让自己变成风暴以抵御风暴袭击，在磨难中学会坚强，在困境中得到成长和成熟，这才是真正的"勇士"。三是观众的反馈。羽生结弦的表演值得观众"起立鼓掌"。并不是所有选手都会得到观众"起立鼓掌"的回馈，只有羽生结弦配得上，这是其人格魅力的体现，是完美表演的呈现，更是卫冕冠军价值与意义的显现。

陈滢的解说使观众折服，观众戏称她是"被解说事业耽误的诗人"。她的评语连日本人亦为之惊讶，被当地节目形容为"像诗篇一样"，不少日本网民都表示非常欣赏陈滢，又指"中国的语言修辞太美丽，果然是文化丰富的国家"。她对其他选手的评语亦非常有深度，例如，对获得第4而失落奖牌的中国选手金博洋，陈滢直播时鼓励说："以梦为马，不负韶华。"意思是把自己的梦想作为前进的方向和动力，珍惜有限的年华为梦想拼搏。而对将在平昌冬奥会后退役的加拿大华裔选手陈伟群，陈滢则慨叹："名将如美人，自古怕白头，曾经惊鸿的容颜，又怎敌岁月的侵蚀。"[①]

从陈滢对花样滑冰项目的体育解说来看，从解说的节奏、语速、风格都和项目特点高度契合。花样滑冰优雅、洒脱、热情，所以在解说前，在充分准备运动员资料的同时，还要提升自身的文学底蕴和修养，以运动美呈现艺术美，以艺术美激发解说美，以解说美显示艺术美，进而彰显运动美。

---

[①]《央视美女解说员中日爆红，总结羽生结弦比赛似诵诗》，https://baijiahao.baidu.com/s?id=1593421655528412189&wfr=spider&for=pc。

## 第五节 自由式滑雪项目的体育解说

### 一、自由式滑雪项目简介

自由式滑雪是以滑雪板和滑雪杖为工具，在专门的滑雪场上，通过完成一系列的规定和自选动作而进行的一种雪上竞技项目。该项目分为雪上技巧、空中技巧、雪上芭蕾。1958 年，一名年轻的滑雪教练 Art Fyurrer 因对滑雪十分热爱，利用业余时间建设了滑雪空中技巧跳台，并通过美国电视表演了滑雪技巧。20 世纪 60 年代，自由式滑雪起源于美国。当时美国正处于一个变革的时期，"人们渴望自由的心理促使这项全新刺激的滑雪项目出现。此项目最初只是将高山滑雪与杂技集于一身，经过最近几十年的发展，变成了今天的样子。"[1]1979 年，国际滑雪联合会承认并命名该项目为自由式滑雪。1986 年，在法国举办了第一届世界自由式滑雪冠军赛。从 1992 年开始，男、女单人雪上技巧被列为冬奥会比赛项目。男、女雪上芭蕾 1988 年和 1992 年被列入冬奥会表演项目。

中国在该项目上具备很强的夺牌优势，是中国的传统优势项目。1989 年，中国就已经正式开始该项目中的空中技巧项目。经过多年的准备和积累，1994 年，中国首次派出了两名女选手参加了利勒哈默尔冬奥会，两位选手的成绩分别为第 17 名和第 18 名，这是中国雪上项目参加历次世界大赛的最好成绩。1998 年长野冬奥会，中国的 16 岁小将徐囡囡一鸣惊人，勇夺银牌，创造了中国代表团在雪上项目的最好成绩。李妮娜在 2005 年在世锦赛夺冠，证明了中国选手在这个项目的"硬核"实力。2006 年都灵冬奥会，韩晓鹏为中国队夺得历史上第一枚自由式滑雪项目的金牌。同样，他还获得了 2005 年度十佳劳伦斯冠军奖年度最佳突破奖。中国队在这个

---

[1] 陈岐岳：《冬季奥运项目报道手册》，北京：中国传媒大学出版社，2019 年，261 页。

项目上的优势，正如时任国家体委主任伍绍祖所说，自由式滑雪"简直就是为中国人开设的"。

## 二、自由式滑雪项目的特点

第一，自由式滑雪的技术性。自由式滑雪有很高的技术含量。运动员在比赛时所做出的动作所产生的重力力矩，能够直接对所做动作的前倾旋转力力矩产生影响。在滑雪过程中"如果重力力矩不足，那么运动员腾空以后在空中的翻转速度也同样会产生不足，就会导致在完成动作以后落地时身体过于前倾，重心不稳。使得运动员在完成动作落地时由于不正确的落地方式而导致受伤的情况发生，从而影响比赛成绩"[1]。

第二，自由式滑雪的艺术性。自由式滑雪运动员需要通过起跳、翻腾、落地等一些列动作来完成比赛，其起跳高度在很大程度上影响翻腾的难度与完成质量。评委也会根据这些动作的完成度，以及所体现出的艺术美感进行评分。例如，空中技巧的评分标准为：腾空占得分的20%，动作占得分的50%，着陆占得分的30%。雪上技巧按照转动占得分的50%，腾空占得分的25%，速度占得分的25%来评判。可见，这两个项目的动作分值都是最高的。雪上芭蕾按照艺术效果和技术效果的综合判定成绩。在21世纪初，就已经有运动员在冬奥会中展现了"难度较高的翻腾动作，离轴转体180°，可见自由式滑雪项目的技巧难度在不断提升"[2]。技巧难度的提升带来艺术性的提高，所以这就要求运动员在日常训练和比赛中，要更加追求动作的细节和完成的精确度和细腻性。

第三，自由式滑雪的安全性。由于该项目需要起跳后在空中完成高难

---

[1] 荆学智：《浅谈自由式滑雪空中技巧的分析》，《当代体育科技》，2018年第21期，第213页。

[2] 高龙、孙艺嘉：《自由式滑雪雪上技巧的发展状况研究》，《当代体育科技》，2019年第23期，第250页。

度动作后落地,那么在落地时由于在膝盖和膝关节的压力非常之大,所以伴随着较高的受伤指数。卢佳伟调查了 2005—2015 年自由式滑雪项目退役的 16 名优秀运动员,从资料中得出相关的自由式滑雪运动员"因为在运动中出现严重的受伤而导致退役的人数占总人数的 60%"[1]。所以,为了减少运动员受伤的可能性,尽可能保护运动员的身体健康,以及延长运动生涯,除日常体能训练外,"还应采用科学的体能训练方法有效提高每位运动员膝关节稳定性;教练员与体能教练针对个体共同制定训练计划,避免超量训练对膝关节造成危害;运动员切忌勉强,状态不好应主动提出停止训练,以减少运动风险及由于训练损伤造成的战斗减员的情况发生。"[2]

### 三、自由式滑雪项目的解说技巧

由于自由式滑雪比赛每个运动员用时相对较少,所以在解说时要注意两点:一是比赛过程中做好信息传达;二是慢动作回放时进行动作解读。

#### (一)比赛过程中做好信息传达

信息传达是体育解说员的基本素养,是其根据比赛进程对运动员及比赛状况进行实时解读。作为自由式滑雪项目,由于每个运动员在比赛时的用时相对较短,所以在比赛过程中来不及对运动员的实时表现、动作技巧进行分析评论,只能运用最为精炼的语言进行准确的信息传达。所以,体育解说员对每一名出发运动员的信息传达逻辑应该是出发前说明运动员基本情况,出发后对运动员的表现进行实时解说,完成动作后对其表现进行总结,以及播报获得分数。在 2018 年平昌冬奥会自由式滑雪女子雪上技巧资格赛中,体育解说员对中国选手关子妍的表现的解说就体现了上述的

---

[1] 卢佳伟:《我国自由式滑雪空中技巧安全问题的研究》,《黑龙江科技信息》,2016 年第 23 期,第 65 页。

[2] 付彦铭:《自由式滑雪空中技巧运动员落地稳定瞬间人体膝关节软骨损伤风险的研究》,《沈阳体育学院学报》,2018 年第 1 期,第 74 页。

解说逻辑。体育解说员说：

> ……（关子妍）她是2000年出生的，第一个空中动作做一个转体一周，落地不太好，这还能救回来，很努力地拯救回来了，但是这一部分的滑向会扣很多分啊。稳住，没关系，这时候宁肯慢一点，也要稳住。准备第二个翻腾动作，向后翻腾一周抱膝盖，落地很稳，好的。关子妍是在第一个空中动作出现了一个失误，她调整回来了，还是很努力地调整回来了……关子妍是一个非常年轻的选手，51.80分，比自己资格赛第一轮还是有一些进步，有一些提升的。（录自2018年平昌冬奥会自由式滑雪女子雪上技巧资格赛的体育解说）

从这段解说中可以看出，在关子妍出发前，体育解说员介绍了她的相关情况，比如她的年龄，在出发后，对她的表现进行实时传达——翻腾动作的规格和完成情况，在比赛后，对她的整体完成情况进行总结，认为她的第一个翻腾动作失误了，第二个努力调整过来。在分数出来后及时向观众播报分数——51.80分。这样的解说逻辑符合了自由式滑雪项目的特点。也就是说，项目节奏较快，那么解说就以简洁凝练为主；项目以翻腾动作或技巧完成情况作为得分的主要参考，那么解说就必须对运动员的翻腾动作及完成度进行实时传达，并且在赛后进行总结，以突出其表现的基本情况。

### （二）慢动回放时进行动作解读

如果体育解说只有基本信息传达的话，那么对于观众的接受度来讲，就存在可能看不懂，看不太懂，或者看得模棱两可的问题。这时就需要体育解说员进行话语补充，对赛场的实时信息进行深入挖掘，解释说明并发现细节，带领观众更加清晰地观看比赛。作为自由式滑雪项目，如前文所述，由于每名运动员从出发到终点，用时相对较少，所以没有时间留给体育解说员去解读比赛和运动员表现，那么就只有在慢动作回放时来进行该项工作。自由式滑雪项目的慢动作回放一般放在每名运动员完成比赛后，在分数打出前进行播放。慢动作一般会重点播放运动员的腾空、翻腾、落地等重点动作,所以需要体育解说员把镜头语言转化为解说语言,其基本会使用三言两语的短评形式进行解读和评论。三言两语的点评,是主持人在节目中随时随地简短概括某一新闻事件或现象的整体,起到适时总结说明的作用。这种评论类型关键在于一针见血地直指和点透事件或现象的本质。其优点在于短小精悍、鲜活灵动、承上启下。

我们还是以上文2018年平昌冬奥会自由式滑雪女子雪上技巧资格赛中,体育解说员对中国选手关子妍的表现为例。在慢动作中,体育解说员分析道:"大家可以看,在这第一个空中动作之后,选手落地的落点很重要。如果你恰巧落在一个雪包上,那你后边再做连接动作就非常难,控制就会变得非常难。"该体育解说员的短评体现了关子妍在完成空中动作后落地的情况,分析了落点的重要,分析她落点不好的原因,以及落点不好会带来的影响。在为时不长的慢动作回放中把握住了重点,解释了运动员的关键问题。在评论之后,体育解说员马上介绍分数 51.80 分,可谓从评论切换回场面信息介绍自然天成,毫不拖泥带水,干净利索。

## 第六节 单板滑雪项目的体育解说

### 一、单板滑雪项目的简介

20 世纪 60 年代,单板滑雪起源于美国密歇根州。1965 年,一位叫谢尔曼·波彭的滑雪爱好者仿照海上冲浪板为自己的孩子制作了一块滑雪板,取名"斯纳菲尔"(Snurfer),即雪上冲浪的意思。其实当时的雪上冲浪,形式较为简单,就是让孩子们手拉绳索,脚踩滑雪板进行滑行。简言之,早期的雪上冲浪就是孩子们进行的游戏。到了 20 世纪 70 年代,随着滑雪板的改进,这项运动逐渐开始普及。对滑雪板的改进,"最初单板滑雪板是塑料滑雪板,后改为用蒸汽弯曲板材和纤维玻璃钢制造镶上金属边的新型滑雪单板,之后由托·西姆斯再次改良为溜冰式单板滑雪板,这种滑雪板的底部有突起。"①

1983年举行了首届单板滑雪世界锦标赛。1989年,国际单板滑雪协会成立。1990年更名为国际单板滑雪联合会。1994年国际雪联(FIS)将单板滑雪定为冬奥会正式比赛项目,1998年日本长野冬奥会首次举行了单板滑雪比赛。从1998年开始,单板滑雪的高山大回转和"U"形场地雪上单板技巧成为正式比赛项目。冬奥会单板滑雪分为高山单板滑雪和自由单板滑雪两类,共计11个小项,分别为男子平行大回转、女子平行大回转、男子障碍追逐、女子障碍追逐、障碍追逐混合团体、男子U形场地技巧、女子U形场地技巧、男子坡面障碍技巧、女子坡面障碍技巧、男子大跳台、女子大跳台。

中国在单板滑雪项目中具有一定优势。2003年,中国的单板滑雪正式立项,主要开展U形场地雪上技巧项目。2005年,在世界大学生冬季运动会上,中国选手潘蕾为中国队赢得国际比赛的首枚单板滑雪银牌。2009年,在韩国举行的世锦赛上,中国队实现历史性突破,夺得U形池团体和个人冠军,中国队正逐渐形成集团优势。2018年,在平昌冬奥会中,刘佳宇获得U形池女子组亚军,为中国代表团获得在冬奥会单板滑雪项目中的第一枚奖牌。2022年,北京冬奥会单板滑雪举行男子/女子坡面障碍技巧,U形场地技巧、障碍追逐、大跳台、平行大回转等项目的比赛。

## 二、单板滑雪项目的特点

首先,单板滑雪运动是充满挑战性和创造性的项目。单板滑雪是在地形复杂、雪质各异、坡度多变的条件下进行的运动,所以对运动员的平衡和协调性要求更高。尽管运动员在相同的场地和坡度进行几次滑行,其状况、条件也会不尽相同。在滑行中无论是战胜高速滑行带来的恐惧,还是

---

① 陈岐岳:《冬季奥运项目报道手册》,北京:中国传媒大学出版社,2019年,266页。

利用转弯、急停、飞跃等技巧在陡坡上顺利下滑，都会使你充满胜利的快感，增强战胜大自然的信心和提高战胜困难的意志。当然，这也导致了单板滑雪项目受伤的几率增大。总的来说，单板滑雪受自然状况的影响比较大，如果滑雪者适应了这些自然状况的变化，就会向更加困难的条件挑战。就会向更高的目标迈进，这也是滑雪的魅力。

其次，单板滑雪是追求人—板一体的运动。雪板把雪面的力传给身体，又把身体的动能作用产生的力传导给雪面，这样滑雪者的滑行及身体平衡才得以维持，因此可以把雪板看做是身体的一部分，而雪鞋、固定器又是连接人和雪板之间的媒介。同样以运动器材为媒介的滑冰运动的冰刀，我们也可以视其为身体的一部分，但是冰刀与冰面接触时冰刀是不会受影响的，而滑板在滑行过程中则是具有变形的性能，可以认为，适应滑雪用的过程就是人体与滑雪用具一体化的过程。若想随心所欲地滑降，就必须有效而自如的控制速度，自由地改变方向，调节转弯弧度的大小，也要合理地利用来自雪面的阻力。你如果在意识上能够控制受神经支配的单板，那么你将会随心所欲地驰聘在银色的世界中。[①]

### 三、单板滑雪项目的体育解说

单板滑雪的解说和自由式滑雪有一定相似度，每位运动员由于每次出发用时短，所以在比赛中体育解说员（有时是解说员+评论员模式）只能对其每个动作以及动作间的衔接进行传达，在运动员结束比赛后播放慢动作时在对其进行评论。例如2018年平昌冬奥会，中国选手刘佳宇获得U形池女子组亚军，在她最后一次出发时体育解说员和评论员说道：

接下来是刘佳宇的最后一轮。刘佳宇，要不要去挑战1080。刘佳宇，进入，Mike抓板空中飞跃，反角720，正角，来，做成的是900。正角外转，落地！刘佳宇，

---

[①] 主要参考：《浙东第一尖单板滑雪教程》，http://www.17piaoliu.com/dbjc/.

> 1080 的最后半圈，差一点点……几乎成功啊……虽然这个 1080 没有完成，但也是尽力了。

在慢动作回放时，体育解说员和评论员进行了评论：

> 很好地体现了刘佳宇在空中的能力，在空中阶段的转体动作总体上完成得不错。那么，通过慢镜头，我们再一次回顾一下她的全套动作的表现。两个环绕动作连接是今天所有女子选手唯一一个（做出来的），外转 900，抓板质量非常得高。内转 540，这个 1080，如果上半身的引领再多一点就成功了，已经是非常漂亮了。（录自 2018 年平昌冬奥会单板滑雪 U 形池女子组比赛的解说）

由这两段解说可以看出，信息的交代非常清楚，体育解说员在刘佳宇作出的每个动作时都会详细介绍动作的难度系数、完成效果。在她完成比赛后，在慢动作回放时又对其表现进行解读，例如，"两个环绕动作的衔接是今天第一位成功做出来的，还有最后的转体 1080 是由于上半身引领不够所以没有成功"等。

# 第八章 电子竞技解说

电子竞技（Electronic Sports）是电子游戏比赛达到"竞技"层面的活动。电子竞技运动是"以电子设备作为运动机械进行的人与人之间的智力对抗运动，通过运动，可以锻炼和提高参与者的思维能力、反应能力和意志力，以及心、眼与四肢的协调能力，并可培养团队精神"[1]。简言之，电子竞技充分体现网络文化、游戏文化、体育文化三者的融合。电子竞技是媒介技术发展到一定阶段的产物，是电子游戏的延伸。同时，电子竞技在很大程度上起到放松身体、愉悦精神的作用，是一种游戏文化。正如荷兰学者约翰·赫伊津哈认为，"游戏在特定的场地里完成的，其边界明确，且以盛宴的形式展开，也就是说，它是欢快而自由的。"[2]但是电子竞技还兼具"竞技"功能，需要以个人或团队的形式进行竞赛，彼此较量、切磋技艺，最终分出胜负。所以说，这是一种有别于传统体育项目的运动，是运用虚拟现实技术构建了一个充满想象力、创造力，而又彻底开放的虚拟空间，用户在其中沉浸，根据主观想象和能动的行为进行游戏。这种运动充满新奇与活力，许多用户趋之若鹜。所以，在体育解说案例教学中，电子竞技解说是不可或缺的一环。

---

[1] 直尚电竞：《电子竞技传播与解说》，北京：高等教育出版社，前言。
[2] [荷] 约翰·赫伊津哈：《游戏的人——文化中游戏成分的研究》，何道宽译，广州：广东出版集团，2007年，第15页。

## 第一节 电子竞技运动的缘起

电子竞技是伴随着媒介技术的进步而产生,是电子游戏的延伸和拓展。对其解说的探讨,必须要追溯其历史沿革,以及在中国的发展现状。

### 一、电子竞技运动的发展现状

20世纪70年代,电子游戏开始进入商业运作流程,电子游戏程序被安装在独立的投币游戏主机上。1986年,在美国ABC频道通过电视直播的两个孩子间比试玩任天堂游戏机,可以说这是电子竞技的起源。世界上有史可查的第一个电子竞技比赛,是由雅达利公司(Atari)——也就是世界上第一家电子游戏公司——于1980年12月在美国纽约举办的"国际'太空侵略者'大赛"(The National Space In-vaders Championship)。1990年,任天堂在全美29个城市举办了游戏比赛。1997年在亚特兰大举办的"赤色全歼雷神之锤联赛"(Red Annihilation Quake Tournament)是业界公认的第一场真正意义上的电子竞技比赛。比赛吸引了来自北美地区的约2000名参赛者,冠军奖品是由著名的电子游戏设计师约翰·卡马克(John Carmack)赞助的一辆二手的法拉利328 GTS型跑车,最终美籍华人方镛钦(Dennis Fong)夺得冠军。2000年,"电子竞技世界杯"(Electronic Sports World Cup,简称ESWC)和"世界电子竞技大赛"(World Cyber Games,简称WCG)相继开办,标志着电子竞技开始走向国际化。2002年,"美国竞技游戏联盟"(Major League Gaming,简称MLG)成立。2006年,该组织则第一次通过网络转播了大赛的实况,因为没有达到预期的收视率而没有持续下去。相反，电子竞技赛事转播在亚洲却获得了意想不到的成功。[1]

电子竞技在全球的发展可谓是愈加迅速，其体现出的年轻化、个性化、去中心化、低门槛的特征获得越来越多用户的青睐。根据 Newzoo 最新数据，2020 年，全球电竞观众将增至 4.95 亿。其中，核心电竞爱好者 2.23 亿，同比增长 2500 万，预计将以 11.3% 的复合增长率 (2018—2023) 在 2023 年达到 2.95 亿。与此同时，全球将有 20 亿人知晓电竞市场，中国是这一数字贡献最大的国家和市场片区。[2]

## 二、我国电子竞技运动的兴起

20 世纪 90 年代，电子游戏开始在中国起步。2003 年 11 月 18 日，国家体育总局正式批准，将电子竞技列为第 99 个正式体育竞赛项目，并将其作为"十三五"期间重点发展的文化产业之一。2004 年，我国举办了第一个全国性电子竞技赛事（CEG）。但在 2004 年 4 月 12 日，国家广电总局下发《关于禁止播出电脑网络游戏类节目的通知》，要求各级广播电视机构禁播网络游戏节目。尽管如此，我国电子竞技还是在世界上取得了一些成绩，2005 年，SKY 李晓峰在 WCG 夺得了两届世界电子竞技大赛（WCG）《魔兽争霸3》世界冠军。同年，《鲁豫有约》为电子竞技世界冠军制作专题节目。2006 年，Sky 在 WCG 蝉联冠军，并入选中央电视台 2006 体坛十大风云人物评选。2007 年，在 WCG 世界总决赛 Sky 获得亚军，未完成三连冠，但已经在世界取得响当当的名号。2008 年，国家体育总局将电子竞技改批为第 78 个正式体育竞赛项目。在这一年，10 名电子竞技选手成为北京奥运火炬手。并且，中央电视台科教频道《百科探秘》栏目播出《78 号运动》专题。

---

[1] 这部分资料大都来源于宗争：《电子竞技的名与实——电子竞技与体育关系的比较研究》，《成都体育学院学报》，2018 年第 4 期，第 1—8 页。
[2] 该部分数据来源于《2020 年全球电竞运动行业发展报告》。

当21世纪进入第20年后,电子竞技的发展似乎势不可挡。《英雄联盟》和《Dota2》的官方联赛则日益火热,"第一届 LPL 亦正式开始举办,逐渐发展为国内最大的职业联赛,中国电子竞技重新进入繁荣时代。"[1]2013年,国家体育总局决定成立一支电子竞技国家队,由17人组成,目的是参加第四届亚洲室内和武道运动会。2017年,亚洲奥林匹克理事会宣布,将电子竞技纳入2018年雅加达亚运会成为表演项目,并于2022年杭州亚运会成为正式比赛项目。

提及中国电子竞技的巅峰时刻,要数2018年雅加达亚运会中,中国电竞代表队取得了《英雄联盟》和《王者荣耀》国际版冠军,《皇室战争》亚军的骄人战绩。同年的9月3日,在乌克兰举行的《绝地求生》SLI 全球群星联赛 S2 赛季的总决赛中,来自中国的 4AM 战队则拿到第六名的名次,同时获得了下一届 SLI 总决赛的直邀名额。2020年,在上海浦东召开的2020全球电竞大会以及随后成立的中国游戏产业研究院宣告了上海逐步向"全球电竞之都"迈进。可以说,经过了20多年的筚路蓝缕,电子竞技项目虽然在我国起步晚,却发展迅猛,并且取得了一定成就。

## 第二节 电子竞技运动的特征

电子竞技既然是网络技术的延伸和扩展,为用户带来主动性、沉浸感。

### 一、突出交互性,强化用户主动性

交互性是网络传播的一大特征,其打破了传统媒介的单向、线性传播模式,以及中心化的传播结构,使受众的被动状态得到缓解,以用户的身份重新构建反馈机制。简言之,网络技术对用户的主动性进行赋权和增权,用户可以按照主题已经较为自由地留言、讨论。可以说,用户既是内容生

---

[1] 廖旭华:《中国电子竞技的风雨二十年》,《互联网竞技》,第 Z2 期,第 94 页。

产者，又是内容接收者。电子竞技很好地承袭了这一优势，游戏玩家在进行游戏直播中，可以一对一、一对多地同其他用户进行互动。例如在电子竞技直播中，玩家可以运用弹幕为战队加油鼓劲，也可以在留言区内对当前战况进行评论等。以此可以增强玩家的参与度，让其消除"置身度外"的感觉，以"我在""我就是"等主观性感受来定义能动性，以深度参与调动其对该款游戏的兴趣，丰富其体现，从来增强对游戏的用户黏度。

正是由于交互性激发了主动性，中国电子竞技的规模在不断扩大。根据第 48 次中国互联网络发展状况统计报告截至 2021 年 6 月，我国网络游戏用户规模达 5.09 亿，较 2020 年 12 月减少 869 万，占网民整体的 50.4%。如此大的用户体量，预示着电子竞技市场的繁荣。但同时，电子竞技对青少年用户的影响也越来越值得重视，相关规制也愈加完善。例如 2021 年 6 月 1 日，新修订的《中华人民共和国未成年人保护法》正式实施，其中新增"网络保护"专章，明确规定网络产品和服务提供者不得向未成年人提供诱导其沉迷的产品和服务。此外，"14 家头部企业共同参与起草了《网络游戏行业企业社会责任管理体系》团体标准，旨在帮助企业更好地履行合规义务、确立社会责任目标。"[1]

## 二、运用虚拟现实，带来沉浸感

虚拟现实代表了现阶段支撑网络传播的高端技术，其构建了的虚拟空间成了玩家的栖居之地，是脱离现实社会压力的"世外桃源"。尽管该空间充斥着各种幻象，幻象却抓住了玩家，尤其是青少年玩家的某种心理，"电子竞技利用前沿技术在计算机中营造出一个逼真的虚拟世界，让玩家全情沉浸在这个生意盎然的意象世界中，甚至模糊了现实与虚拟之间的界限"[2]。

---

[1] 中国互联网络信息中心：《第 48 次中国互联网络发展状况统计报告》，第 41 页。
[2] 戴志强、齐卫颖：《电子竞技的原动力：虚拟现实的情感体验与艺术期待》，《现代传播》，2019 年第 6 期，第 81 页。

Pajarito K 认为"电子竞技是一种沉浸式的戏剧表演艺术"[①]。在游戏中，逼真的场景，精美的画面，动感的音效，多元的人物角色，同时玩家可以按照自己所需构建属于自己的游戏"领地"，从而获得沉浸感。例如在《英雄联盟》游戏中，背景可以根据玩家喜好进行设定。像"符文之地与魔法"，在符文之地，魔法就是一切。在这里，魔法不只是一种神秘莫测的能量概念。它是实体化的物质，可以被引导、成形、塑造和操作。符文之地的魔法拥有自己的自然法则。源生态魔法随机变化的结果改变了科学法则。背景的设定，影响了玩家的情感体验。

### 三、解除属地限制，彰显国际性

电子竞技的连接性解除了玩家的地域限制，从玩家自建，到大规模赛事，电子竞技的影响已经成为全球化发展过程中不可忽视的力量。随着电子竞技全球影响力的不断扩大，全球性的电竞赛事也愈加吸引人。例如创立于 2000 年的世界电子竞技大赛，是一个全球性的电子竞技赛事。该项赛事由韩国国际电子营销公司（Internation Cyber Marketing, ICM）主办，并由三星和微软（自 2006 年起）提供赞助。大赛一直以 "beyond the game" 为口号，以推动电子竞技的全球发展为目标，旨在促进人们在网络时代的沟通、互动和交流，促进人类生活的和谐与愉快。国际性的电子竞技赛事，高额的奖金也缔造了海内外用户参与的巨大吸引力。例如 DOTA2 国际邀请赛的奖金长期以来都位居电子竞技比赛奖金榜首。2019 年该比赛在上海举办，"18 支世界顶级战队争夺 3000 万美元的比赛奖金。中国 LGD 战队夺得季军，获得 300 多万美元的奖金，平均每位参赛选手可分获 440 万元

---

① Pajarito K. eSports: A New Take on Entertainment in Immersive Theatre.Chapman University Digital Commons.2017.12.

人民币。"① 根据企鹅智库发布《2020 年全球电竞运动行业发展报告》显示，2020 年，全球电竞观众将增至 4.95 亿，其中核心电竞爱好者约为 2.23 亿，同比增长 2500 万。海内外不同用户在游戏缔造的全球空间内交流、切磋、对战，既是对游戏品质的检测，更是对电子竞技未来发展的推动。

## 第三节 电子竞技解说员的风格

电子竞技解说员是从事电竞游戏解说的人，是对电子竞技运动及赛事进程中实时状况进行传达与说明、分析与解读的人员。其需要对电子竞技运动充满热情，还需要具备敏锐的观察力，较高的人文素养和艺术审美能力。随着国内诸如 LPL、KPL 等电竞职业联赛的成立，以及斗鱼、虎牙等直播平台受众日益增多，电竞解说员趁势成为当下的一个热门职业。同时，在人才培养方面，"电竞入校"也渐渐成为趋势。例如上海体育学院在 2018 年开设了电竞专业，招收全日制本科生。2020 年，上海体育学院传媒与艺术学院院长杜友君谈及电子竞技时说道："我们想在电竞教育方面能够做出一个示范和引领。2018 年我们在全国率先开办了电竞解说的本科专业，今年大家也可能会从我们学校的招生简章里看到，我们的硕士招生已经开设电竞研究方向，明年的博士招生方向也会出现电竞方向。"可以说，当前的电子竞技解说员，渐渐从一个边缘职业，逐步得到社会认可，成为一个正在冉冉升起的新兴职业。那么作为电竞解说员，不管是自学成才，还是院校培养，并不是千篇一律，而是符合网络时代赋予的个性化生成的不同风格，以个性吸引玩家关注。

---

① 马中红、刘泽宇：《"玩"出来的新职业——国内电子竞技职业发展考察》，《中国青年研究》，2020 年第 11 期，第 24 页。

## 一、技术型电子竞技解说员

技术型电子竞技解说员是电竞解说群体里最为常见的类型。这类解说员往往是电子竞技的资深玩家，游戏操作经验丰富，水平高超。用户观看其解说的比赛，既能加深对该比赛的理解，又能从中学习到游戏操作的技术与方法，甚至在长时间观看过程中对其产生崇拜等追随心理。例如《英雄联盟》游戏的解说员贾克虎·虎神，年仅 19 岁的他展现出了惊人的操作技术，拿下了诸多荣誉：S7 国服第一个王者，10 天内韩服双王者，TGA 精英挑战赛冠军等。同时他也是巨型九头蛇秒人流武器大师开创者，是历史上中韩双服段位最高的贾克斯玩家。虎神还是 S7 国服单双排单个王者第一，在 S7 韩服单双排前 30 名，他的英雄武器熟练度排名第一，在第二届 TGASOLO 精英赛的比赛中，虎神还拿下了冠军。[1] 除此骄人战绩外，他还凭借富有激情和感染力的声音收获了一大批粉丝。

## 二、人设型电子竞技解说员

所谓人设，是一个网络流行语，是指个人在网络上的角色、人格、品质的定位。尤其是较有名气的网红，把人设作为博取用户关注的重要手段。在电子竞技解说群体里，尤其是一些女性解说员，往往以人设来定位自己在该领域的风格。

一种是可爱型电竞解说员。这类解说员无论是直播间的布置，还是展现在屏幕上的妆容，无论是解说时的声音状态（比如"娃娃音"），还是解说时的情感变大、动作姿态，都是以"萌""宠"为核心进行构建。像冯提莫，其身材娇小、外表清纯，还擅长唱歌，唱歌时声音甜美，活泼可爱。

一种是高冷型电竞解说员。高冷型解说员与可爱型恰恰相反，这类解说员往往从穿着到表情，从声音到语言，都透出一种沉稳矜持、清新高冷的气质。这种气质虽然感觉和用户有一定隔阂，但也正是这种人设，激起

---

[1] 贾克虎·虎神资料，https://d.chinaz.com/wiki/804624.shtml。

了用户"雾里看花"的猎奇心理。像电竞解说阿冷，身材苗条，面容姣好，才艺出众，但与用户互动较少，透出一种"拒人以千里之外"的感觉。但这种冷艳的气质却透出一种优雅，甚至还让她获得了 2017 年斗鱼直播平台年度最受关注的主播之一。

### 三、语言型电子竞技解说员

语言型电子竞技解说员，顾名思义，就是以较为高超的语言技巧，以幽默、轻松、激情的语言风格，以不断设置话题来围拢用户。简言之，这类解说员就是"段子手"。例如米勒的段子是："我们是冠军，我们又是冠军，我们总是冠军。"娃娃的段子是："哇哇哇！螃蟹在领先一把无尽的时候伤害特别高！你告诉我这波 ×× 队凭什么打！"你告诉我峡谷先锋有什么用！再比如《英雄联盟》游戏解说周淑怡，曾参与解说的赛事包括 S3 世界总决赛 TI3 G 联赛 NEST 等。她在解说时除了幽默感和亲和力外，往往以引出话题来稀释解说时的话语空白，并且话题抛出时间恰到好处，既可以以此掌控解说节奏，又能分享有趣的新闻来使解说充满新鲜活力。

但是需要注意的是，体育解说员是以语言为载体，所以"说出去的话就如泼出去的水"，一旦违反国家政策导向，违背社会责任，就会陷入"三俗化"的境地，从而带来形象崩塌，名声毁于一旦。

## 第四节 电子竞技解说的方法

电子竞技解说与其他体育项目解说在流程上基本相同，需要在赛前向观众介绍比赛的基本情况，选手的相关信息等；赛中需要调整好解说状态，控制解说节奏，调节解说情绪；赛后需要对比赛进行复盘。

### 一、赛前基本信息的介绍

在电子竞技中，赛前解说的时间有限，所以需要电竞解说员在短时间内将赛事名称、解说员名称、主办方、赞助商、参赛队伍等信息一一交代清楚。例如：

A：观众朋友大家好，欢迎收看由 BCA 主办、霍尔普斯传媒制作转播的 PVP 电子竞技大奖赛！我是解说 A。

B：大家好，我是解说 B。感谢赞助商 Singtel 和 Razer 对本次比赛的大力支持！

A：PVP 电子竞技大奖赛是一项综合性赛事，本次包含《DOTA2》和《王者荣耀》两项赛事，赛事奖金高达 30 万美元，将有澳大利亚、新加坡、菲律宾、印度和泰国共五支亚太地区国家的选手参与到比赛中。当然，除了这五个国家的选手会参加地区预选赛之外，来自中国、美国和欧洲的《DOTA2》队伍也会受到主办方的直接邀请来参加比赛，所以比赛的质量也是有目共睹的。比如《王者荣耀》有 ABG、FCG、YHG 等战队参加，《DOTA2》有 PTG、WRG、BNG 等非常强力的战队参加，也值得观众朋友期待。今天已经进入线下赛第二天，接下来的比赛是《王者荣耀》的胜利组比赛。我们先来了解一下《王者荣耀》赛程赛制。

B：接下来对阵的双方是 ABG 和 FCG，让我们期待他们的表现！（该段解说材料来源于直尚电竞主编的《电子竞技传播与解说》）

这段材料非常清晰地介绍了比赛的基本信息，显示了电竞解说员赛前的精心准备。一般来说，这些材料运营商会提供一些材料，但是由于材料有限，往往需要解说员在网络上进行一些细节储备，例如明星选手的数据，队员的技术特点，参赛队伍的战术情况等。以《英雄联盟》为例，在相关数据库中需要找到数据，里面详细统计了进攻和经济效率、视野和资源控制等信息，在每组信息中又有详细的数据，这样可以提升解说的专业度和精准性。

除此之外，在《英雄联盟》游戏中，需要进行一个游戏角色的 B/P 环节，其全称为 Ban/Pick，其中 Ban 是禁止的意思，指的是这一场比赛禁止某一位英雄登场；Pick 是选择，是为己方选择英雄角色。B/P 环节的意图是在尽可能限制对方技战术策略实现的同时，为己方战术实现最大优化。可以说，这一环节专业性较高且对比赛走势具有至关重要的影响，电竞解说员对 B/P 环节跟进，在赛前需要对其进行简要地分析解读。例如：

> A：在这轮 B/P 中，双方都针对了对方关键 C 位的英雄，并没有让他们拿到最为顺手的英雄，但是打野位置的选择双方却都是选择了激进型的打野，可谓是针尖对麦芒。
>
> B：是的，双方这样的选人也让前中期打野区当中的入侵和大型中立野怪的争夺变得非常有看头，那么最终双方阵容已经确定，让我们来期待一下这场比赛两边会给我们带来什么样的惊喜对决！（该段解说材料来源于直尚电竞主编的《电子竞技传播与解说》）

## 二、赛中解说

和其他体育项目解说一样，赛中解说是整个体育解说的核心，考验着电竞解说员的语言表达技巧。

第一，语速和专业术语的配合。电子竞技比赛节奏快，实时信息量大，这就要求电竞解说员在保证专业性的基础上，还必须提升口齿清晰度。例如在全球总决赛 S7 半决赛中国战队 RNG 对阵韩国战队 SKT 的第四场比赛中，暴发了一段仅仅 25 秒的团战。该场比赛的解说员 Remember 和 PDD 这样解说道："但对方直接打大龙，有一个龙坑边的视野看到了。但是大嘴（游戏角色名）这边是没有什么蓝量的。闪现出来想控制，但是直接交闪。

这波 Bang（SKT 选手），小狗（RNG 选手）拼命地射，letme（RNG 选手）的大招，但是这个位置不是很好，而且小狗是直接被带走了。想杀 bang，一个英雄登场（技能名），再次是击飞了。嘲讽到，能不能打出最后一下输出？给了下一个盾。这一波，SKT 利用大龙逼迫 RNG 过来打一波不能接的团战啊！"两位解说员在 25 秒内用极高的语速说了 157 个字，平均每分钟要说 383 个字。这种强度已经超出传统播音员的平均语速，对于电竞解说员的压力可想而知。这两位解说员在准确传达实时信息的同时，还保证了快语速下的清晰度，正所谓"台上一分钟，台下十年功"。

第二，"斯科特法则"的使用。"斯科特法则"为美国著名体育解说员雷·斯科特创用，他认为解说比赛时语言要精炼实用。这一法则对电子竞技解说依然适用。如前文所说，电子竞技比赛节奏快，信息量大，这要求电竞解说员的反应能力和语速要跟得上，这并不意味着要把场上所有发生的情况都及时传达给观众，否则就会出现"多而无重点"的问题，解说也会一盘散沙。这时需要电竞解说员控制好节奏，分配好话语密度，找出重点信息。在观众一目了然，或者对成为常识的信息，解说员可以选择"留白"。

第三，真情实感的流露。电子竞技比赛同传统体育比赛一样，牵动着无数观众的心。如何正确贯彻体育解说倾向性原则，在客观性基础上适当抒发情感，同时又能对观众的情绪做到正确疏导，这是对一名电竞解说员的一大衡量标准。我们以 2018 年《英雄联盟》总决赛上 iG 战夺冠后的解说词为例：

> iG 战队是 S8 全球总决赛的冠军！iG 战队从未拿过《英雄联盟》职业联赛的冠军，但是他们现在拥有了其他队伍从未拥有的全球总决赛冠军奖杯……这是一次证明，为他们为之努力的一切，为他们所做的一切，为他们所走过的慢慢长途，他们全队艰苦奋斗，攀上高峰，这感受太不可思议了……我想说我今天最喜欢的一部分

是，这是 iG 战队五个人的胜利，不只是韩国中上选手带队友走向胜利……他们五个人都很强，iG 战队众志成城，在今天仁川这迷人的场景中到达了他们的巅峰。

从这段解说词看出，该电竞解说员兼具理性与感性，做到了客观性与主观性平衡。所谓理性，解说员认为 iG 战队夺冠并不是一蹴而就，而是经过刻苦训练得来；不是一个人或者明星队员的胜利，而是团队配合的结晶。所谓感性，是在赛后该电竞解说员抒发对了 iG 战队夺冠的祝贺，他用高亢激昂的声音说出了 iG 战队是全球总冠军，这是整个系列赛的巅峰时刻，带动了观众们的情绪。

可以说，在电子竞技比赛中，电竞解说员真情的流露往往是根据自身的解说风格而设定。例如煽情类——"也许有一天，我是说，也许，也许我们会对《英雄联盟》、电子竞技失去信心，因为 LCK 的宰执直到今日都还在持续，但我觉得，不是今天。也许有一天，这些我们所热爱的选手，他们没有办法再拼搏在这个舞台上了，但我觉得，也不是今天。今天，RNG 浴血奋战，来应战 SKT，让我们进入召唤师峡谷！"运用古诗词类——"天不生 the shy，LPL 上单万古如长夜。谁敢横刀立马，唯我虎大将军。真男人，就应挽狂澜于既倒，扶大厦之将倾，关键时刻，厂长抢下了大龙！如同天上降魔主，真是人间太岁神！"心灵鸡汤类——"在没人相信你的时候，你相信了自己并赢得了胜利，这就是成为英雄的道路！"总之，电竞解说员的情感流露既能够达到渲染比赛，也能够使其与观众产生共鸣，达到观众的情感期待，为整个比赛增色。

### 三、赛后复盘

当比赛解说，电子竞技解说员的解说任务并没有结束，而是应该对比赛整体进行复盘。复盘是指电竞解说员需要对整场比赛进行提炼和总结，找出亮点和精华，以文字战报或视频解说的形式呈现给观众。无论是哪种形式，电竞解说员必须具备清晰的思路和逻辑进行布局。一般来说，其遵循以下几个步骤：

总结结果 ⟶ 回顾赛事 ⟶ 分析场面 ⟶ 评估胜负 ⟶ 得出结论

第一，总结结果，是指电竞解说员在赛后对比赛整体结果作出总结；

第二，回顾赛事，是指电竞解说员需要对整场赛事进行录像回看；

第三，分析场面，是指电竞解说员在回看录像后提炼比赛亮点和精华部分；

第四，评估胜负，是指电竞解说员对比赛胜负的分析；

第五，得出结论，是指电竞解说员对比赛进行总结，以及对未来趋势作出判断。

我们以一篇《英雄联盟》游戏的战报为例。

**RNG 加赛险胜 HLE！RNG 锁定小组第一晋级 S11 世界赛八强**

导　读：RNG 加赛险胜 HLE！2021 英雄联盟全球总决赛小组赛终于进行到了出线战阶段，前两天表现低迷的 LPL 队伍依然没能带来具有说服力的表现。

2021《英雄联盟》全球总决赛小组赛终于进行到了出线战阶段，前两天表现低迷的 LPL 队伍依然没能带来具有说服力的表现。RNG 首场比赛就陷入苦战，最终一波疏忽败给 Fnatic，又败给状态神勇的 HLE 战队，最终 RNG 在加赛中惊险翻盘 HLE，保住了小组第一的位置，而 PSG 与 Fnatic 只能惨淡淘汰出局。

**RNG 加赛险胜 HLE**

加赛局比赛 RNG 再次面对 HLE，15 分钟 HLE 3 人越上 Morgan 皇子击杀 Xiaohu 凯南斩获一血，但 Wei 赵信随后赶到击杀皇子；23 分钟双方在小龙包法团战，Xiaohu 凯南先遭击 RNG 被打出 0 换 3；43 分钟 RNG 凭借大龙 Buff 推进，RNG 一波拿下比赛。Ming 选手使用芮尔斩获本局 MVP。

**RNG 晋级八强**

小组赛便只剩 LNG 在的 D 组还需要再决出胜负，诞生前八强最后两个名额。目前，LPL 赛区参赛的四支队伍里，FPX 已经确定出局，RNG 和 EDG 已经以小组第一和小组第二的成绩成功晋级八强，而 LNG 的出线形势也比较明朗，有很大可能与 RNG、EDG 会师八强。（该战报来自 WCA GAMES 网站，https://www.wca.com.cn/xwzx/sszb/）

从这篇战报来看，现实对比赛结果进行了总结，RNG 状态一直低迷，先后两次败北后，终于在加赛中惊险翻盘 HLE，保住了小组第一的位置。之后进行赛事回顾，以时间为节点进行比赛精彩部分的提炼，并对其进行分析。这场比赛的胜利对于 RNG 而言是至关重要的，使有惊无险地晋级八强。对 LPL 赛区参赛的四支队伍前景的预测，战报清晰地现实，FPX 已经确定出局，RNG 和 EDG 已经成功晋级八强，而 LNG 的出线形势也比较明朗，很可能晋级。

当我们完成对电子竞技项目解说的分析与解读后，发现电竞解说的核心是在于电竞解说员能够营造轻松活泼的气氛来与玩家进行实时互动，同时在互动中能够起到传播电竞运动正能量，来契合社会期待。同时，在赛后复盘时能够作为精细认真，既为比赛奉上精彩独到的分析，又能为下次解说积累鲜活素材。未来，电子竞技肯定会随着媒介技术的快速发展而不断迭代升级，电竞解说及电竞解说员如何进一步满足用户需求，在提升知名度的同时还能起到传播电竞文化，使其发扬光大，需要每一位电竞解说员不懈努力，锤炼技能，才能不断提高自身素质，以契合未来需求。